영어작문

누구나 배울 수 있는

프로젝트

E 문장 강화 http://cafe.daum.net/e-map

누구나 배울 수 있는
영어 작문 프로젝트 2
(개정판)

누구나 배울 수 있는
영어 작문 프로젝트 2(개정판)

펴 낸 날   개정판 1쇄 2022년 6월 27일

지 은 이   조병대
펴 낸 곳   투데이북스
펴 낸 이   이시우
교정 · 교열   Thomas Frazer, 곽나연, 장예린, 박명희
편집 디자인   박정호
출판등록   2011년 3월 17일 제307-2013-64 호
주   소   서울특별시 성북구 아리랑로 19길 86, 상가동 104호
대표전화   070-7136-5700 팩스 02) 6937-1860
홈페이지   http://www.todaybooks.co.kr
페이스북   http://www.facebook.com/todaybooks
전자우편   ec114@hanmail.net
ISBN : 979-11-978920-0-4 53740

© 조병대

영어 작문
누구나 배울 수 있는
프로젝트 2

개정판

조병대 지음

투데이북스
TodayBooks

머리말

지난주 출판사에서 연락이 왔습니다. 개정판을 내자고.

이 책을 출판한 지 7년이 되었고 절판의 걱정을 깨고 개정판을 내놓게 되었습니다.

서점에서 이 책을 사고 카페에 가입하고 가입 인사를 남겨주신 분들께 고맙다는 말을 먼저 해야겠습니다.

하지만 늘 부끄러운 마음입니다.

열심히 카페 관리를 하고 새로운 콘텐츠를 만들어 내겠다던 처음의 다짐은 먹고사는 문제에 또는 게으름에 닳고 닳아 희미하기만 합니다. 그동안 목수라는 새로운 직업을 얻게 되었고 그럭저럭 잘해나가고 있습니다. 아들이 그러더군요.

"아빠! 백수에서 목수로~" 굳이 목수 일을 택한 것도 시간 활용을 잘만 하면 새로운 책도 쓰고 카페 관리도 잘할 수 있을 거라는 생각에서였습니다. 물론 어리석은 생각이었지요. 세상에 그리 만만한 직업이 있을 리 없지요. 이제 목수 일도 어느 정도 몸에 익어갑니다.

개정판을 내면서 다시 모니터 앞에 앉아보니 오래전 시작해 놓은 영어책 파일들이 눈에 들어옵니다.

다시 한번 조금 더 여유를 가지고 시작해 봐야겠습니다.

처음 이 책을 구상하고 작업을 시작할 때만 해도 이 방법이면 누구나 영어로 마음껏 글을 쓸 수 있다고 확신했었습니다. 하지만 이제 와 생각해 보면 영어 공부라는 것이 특별한 방법의 문제가 아님을 그때는 몰랐거나 알았더라도 머릿속에 자리 잡은 상상의 즐거움에 모른 척했나 봅니다. 물론 영어 작문으로 시작하면 좋겠다는 생각은 같습니다. 다만 그래야 한다는 고집과 집착이 많이 줄어들었다는 뜻입니다. 요즘은 일주일에 한 번 아이들 몇 명과 작문 수업을 하고 있습니다. 예전보다는 여유로운 모습인 것 같습니다.

여전히 많은 학생이 영어 공부에 힘들어하고 있겠지요.

인연이 있어 이 책을 선택했다면 조금씩 그리고 꾸준히 해 보세요.

카페의 동영상 강의도 참고하시고요.

누구나 알고 있듯이 공부에 왕도는 없습니다.

지름길을 찾기보다 스스로 선택한 길로 꾸준히 지치지 않고 가는 것이 최선의 방법이니까요.

저 역시 한 걸음 한 걸음 지치지 않고 가려고 합니다. 많은 사람이 그렇게 살아가고 있듯이.

고맙습니다.

2022년 5월
저자 조병대

CONTENTS

Chapter

3

수동태 문장,
4,5형식 문장

1 수동태 : ~되다. ~지다. ~이,히다. ~받다. ~당하다.

	능동	수동
이 집은 오래전에 **지어졌어요.**	짓다	지어 지다
너무 많은 물이 **낭비됩니다.**	낭비하다	낭비되다
그의 시는 여전히 **읽힙니다.**	읽다	읽히다.
넌 **칭찬받을 거야.**	칭찬하다	칭찬 받다
난 선생님께 **야단 맞고 있었어.**	야단치다	야단 맞다

옆의 문장들은 지금까지의 문장들과 뭔가 다릅니다.
뭐가 다를까요?
주어와 동사의 관계를 잘 보세요.
주어가 동작을 한 것이 아니라 동작을 당하고 있습니다.
이렇게 **주어가 동작을 하는 것이 아니라 당하는 문장**을
수동태(passive form)라고 부릅니다. 반대로 주어가 동작
을 하는 문장은 능동태(active form)라고 부르지요.

수동태 문장은 한국어와 영어 모두 능동태만큼이나 흔하게 사용되는 문장 형태입니다.

따라서 **수동태는 왜, 언제 사용해야 하는 것일까?**라는 질문이 매우 중요합니다. 수동태를 사용하는 이유는 크게 두 가지가 있습니다.

> 1. **주어가 분명하지 않거나 당연하기 때문에 말할 필요가 없을 때** [능동태 주어를 생략하기 위해서 수동태 사용]
>
> 2. **주어나 목적어를** 강조하고 싶을 때 [주어는 '**by ~(~에 의해, ~에게, ~한테, 등)**'의 형태로 남겨두는 경우가 많음]

되다. 지다. (이)히다. 받다. 당하다.	**be + 과거분사(PP)**	능동	수동 [**be + 과거분사**]
이 집은 오래전에 **지어졌어요.**	This house **was built** a long time ago.	build	**be built**
너무 많은 물이 **낭비됩니다.**	Too much water **is wasted.**	waste	**be wasted**
그의 시는 여전히 **읽히고 있어.**	His poems are still **being read.**	read	**be read**
넌 **칭찬받을 거야.**	You will **be praised.**	praise	**be praised**
그 선생님께 **야단 맞은 적 있다.**	I have **been scolded** by the teacher.	scold	**be scolded**

한국어는 동사(~하다.)를 '**~지다. ~되다. ~이/히다. 받다. 당하다. 입다. 등**'으로 바꾸어 수동태를 표현합니다.
영어는 '**be 동사**'뒤에 '**~된, ~진, 등**'의 의미를 가진 과거분사(past participle: PP)를 붙여 수동태를 표현합니다.
영어의 수동태에 '**be 동사**'가 필요한 이유는 과거분사가 '**~ㄴ**'으로 끝나는 형용사에 속하기 때문이지요.
즉, 과거분사는 [**be + 형용사**]처럼 '**be 동사**'와 결합해야만 서술어(~다.)로 사용될 수 있는 것입니다.

능동태	현재 – 과거 – 과거분사	~진, 된, 이/힌	과거분사	수동태 : ~지다. 되다. 이/히다. [**be PP**]	
만들다.	make-made-made	만들어진	made	만들어**지다.**	**be made**
연구하다.	study-studied-studied	연구된	studied	연구**되다.**	**be studied**
먹다.	eat-ate-eaten	먹힌	eaten	먹**히다.**	**be eaten**
놓다. 두다.	put-put-put	놓인	put	놓**이다.**	**be put**
용서하다.	forgive-forgave-forgiven	용서받은	forgiven	용서**받다.**	**be forgiven**

수동태는 능동태만큼이나 자주 사용되므로 시제와 의미를 자유롭게 표현할 수 있는 능력이 중요합니다.

수동태의 시제 표현 역시 능동태와 마찬가지로 현재와 과거를 제외하면 반드시 하나 이상의 조동사(**형식, be, have**)가 사용되겠지요.

수동태의 시제표현		[be + 과거분사]
나무들이 심어**진다.** (심어져 있다.)	Trees **are planted**.	**be PP**
나무들이 심어**졌다.** (심어져 있었다.)	Trees **were planted**.	**be PP**
		형식조동사 + [be +과거분사]
나무들이 심어**질 거다.**	Trees **will be planted**.	will **be PP**
나무들이 심어**질 수 있다.**	Trees **can be planted**.	can **be PP**
나무들이 심어**질 수도 있다.**	Trees **may be planted**.	may **be PP**
나무들이 심어**져야 한다.**	Trees **should/must be planted**.	should **be PP**
나무들이 심어**질 수 있었다.**	Trees **could be planted**.	could **be PP**
나무들이 심어**져야 했다.**	Trees **had to be planted**.	had to **be PP**
		be + [**being** +과거분사]
나무들이 심어**지고 있다.**	Trees **are being planted**.	be **being PP**
나무들이 심어**지고 있었다.**	Trees **were being planted**.	be **being PP**
나무들이 심어**지고 있을 것이다.**	Trees **will be being planted**.	will be **being PP**
		have + [**been** +과거분사]
나무들이 심어**졌었다.**	Trees **have been planted**.	have been **PP**

수동태의 부정문과 의문문	
그건 철로 만들어지지 않았어.	It **is** not **made** of steel.
그건 철로 만들어지지 않을 거야.	It will not **be made** of steel.
그건 철로 만들어지고 있지 않아.	It is not **being made** of steel.
그건 철로 만들어지지 않았어.	It has not **been made** of steel.
그건 철로 만들어 지나요?	Is it **made** of steel?
그건 철로 만들어져야 하나요?	Should it **be made** of steel?

수동태 문장 역시 조동사의 법칙에 따라 부정문과 의문문을 만들면 됩니다.

■ 수동태의 부정문은 가장 앞에 있는 조동사 뒤에 'not'을 붙여 만들게 됩니다.

■ 조동사를 주어 앞으로 보내면 의문문이 만들어지겠지요.

1	도서관이 거기에 지어져 있다. (지어진다.)	A library is built there.
2	도서관이 작년에 거기 지어졌다.	A library
3	도서관이 곧 거기에 지어질 거야.	A library
4	도서관이 거기에 지어질 수 있어.	A library
5	도서관이 거기에 지어져야 한다.	A library
6	도서관이 거기에 지어져야 했다.	A library
7	도서관이 지금 거기에 지어지고 있어요.	A library
8	도서관이 거기에 지어지고 있었지.	A library
9	도서관이 거기에 지어지고 있을 거야.	A library
10	도서관이 거기에 지어졌다. (완료)	A library
11	도서관이 거기에 지어지기로 되어있어.	A library
12	도서관이 거기 지어지기로 되어 있었어.	A library

13	로봇들은 컴퓨터로 조종된다.	Robots are controlled by computer.
14	로봇들은 컴퓨터로 조종되었다.	Robots
15	로봇들은 컴퓨터로 조종될 거다.	Robots
16	로봇들은 컴퓨터로 조종될 수 있다.	Robots
17	로봇들은 컴퓨터로 조종될 수도 있다.	Robots
18	로봇들은 컴퓨터로 조종되는 게 분명해.	Robots
19	로봇들은 컴퓨터로 조종되고 있다.	Robots
20	로봇들은 컴퓨터로 조종되고 있었다.	Robots
21	로봇들은 컴퓨터로 조종되었었다. (완료)	Robots
22	로봇들은 컴퓨터로 조종되는 것 같다.	Robots
23	로봇들은 컴퓨터로 조종되는 것 같았다.	Robots
24	로봇들은 컴퓨터로 조종되곤 했다.	Robots

1	그것은 아직 the세상에 알려지지 않았어.	It is not known to the world yet.
2	그것은 the세상에 알려지지 않았었다.	
3	그것은 the세상에 알려지지 않을 거야.	
4	그것은 the세상에 알려질 수 없어.	
5	그것은 the세상에 알려져서는 안돼.	
6	그것은 the세상에 알려진 적이 없어. (완료)	
7	그것이 the세상에 알려졌나요? (현재)	Is it known to the world?
8	그것이 the세상에 알려지지 않았어? (현재)	
9	그것이 the세상에 알려졌었나요? (과거)	
10	그것이 the세상에 알려질 수 있을까?	
11	그것이 the세상에 알려진 적이 있나요?	
12	**언제** 그것이 the세상에 알려졌나요?	

13	그건 순금으로 만들어지지 않았다.	It is not made of pure gold.
14	그건 순금으로 만들어지지 않았다. (과거)	
15	그건 순금으로 만들어질 수 없다.	
16	그건 순금으로 만들어져서는 안된다.	
17	그건 순금으로 만들어지고 있지 않다.	
18	그건 순금으로 만들어진 적이 없다.	
19	그건 순금으로 만들어 지나요?	Is it made of pure gold?
20	그건 순금으로 만들어졌습니까? (과거)	
21	그건 순금으로 만들어지지 않나요?	
22	그건 순금으로 만들어질까?	
23	그건 순금으로 만들어질 수 있나?	
24	그건 순금으로 만들어졌나요? (완료)	

1 이 화장실은 아침마다 청소됩니다.

2 그 어린 소녀는 그녀가 the어두운 세상 속에 홀로 남겨졌다고 느꼈지.

3 저는 이 그림이 a높은 가격에(at) 팔릴 거라고 확신해요.

4 그 오래된 절은 지난겨울 a화재로(by) 불타버렸어요.

5 이메일(E-mail)은 한 번에 수많은 사람들에게 보내질 수 있지요.

6 그 범인은 지난밤 한 PC방에서 체포되었습니다.

7 저는 사생활은 어떤 경우에도(in) 보호되어야 한다고 생각해요.

8 난 그녀의 생일파티에 초대받은 적이 없어.

9 넌 흡연은 더 이상 이 도시 안에서는 허용되어서는 안 된다는 말이냐? (~라는 말이냐? : Do you mean that~?)

10 그 노인은 a영웅이 이 마을에서 태어날 거라고 예언했다.

청소되다	be cleaned	불타다	be burned	사생활	privacy
남겨지다	be left	보내지다	be sent	보호되다	be protected
팔리다	be sold	수많은	numerous	초대받다	be invited
가격	cost	범인	criminal	허용되다	be allowed
절	temple	체포되다	be arrested	예언하다	foretell-foretold

수동태 : ~지다. 되다. 이,히다. 받다. 당하다.

11 그렇게 심각해하지 마. 모든 것은 시간과 함께 잊혀질 거야.

12 아인슈타인은 ₐ위대한 과학자로* 우리들에게 알려져 있지요.

13 난 그녀를 놀라게 하고 싶었지만, 그녀는 전혀 놀라지 않았어.

14 약 10분 뒤에, 그 거대한 풍선은 헬륨가스로 채워졌다.

15 그 쓰레기의 **몇**(what) **퍼센트가** 재활용되고 있나요?

16 그의 혈압은 매시간마다 체크되어야 합니다.

17 많은 종류의 씨앗들이 the미래에 대비해서 여기에 수집되고 있지요.

18 난 지금까지 ₐ어린 아이처럼 **취급받아왔다.** (완료)

19 당신이 지금 주문하시면, the책들은 24시간 이내에* 당신에게 배달될 거예요.

20 the금속막대는 그 두 부분을 연결하기 위해 사용되는 것 같다.

심각해하다	be serious	풍선	balloon	재활용되다	be recycled	취급받다	be treated
잊혀지다	be forgotten	채워지다	be filled	혈압	blood pressure	배달되다	be delivered
놀라게 하다	surprise-d	헬륨	helium	씨앗	seed	금속막대	metal rod
놀라다	be surprised	쓰레기	waste	수집되다	be collected	연결하다	connect-ed
거대한	huge	퍼센트	percent (%)	~에 대비해서	for ~	부분	part

수동태 : ~지다. 되다. 이,히다. 받다. 당하다.

21 여러분들이 알다시피, 대부분의 장난감들은 플라스틱으로 만들어집니다.

22 날 노려보면서, 그가 말했다. "내 질문은 아직 대답되지 않았어."

23 이 페이지는 표시될 수 없습니다. the네트워크를 확인하세요.

24 그 케이크의 the테두리는 초콜릿으로 장식되어 있었어. 그건 먹어 치우기에는 너무 예뻤지.

25 그의 멋진 기타 연주는 유튜브(YouTube)를 통해˚ the세상에 소개될 수 있었다.

26 이건 가능한 한 빨리˚ 냉장고에 보관되어야 해.

27 이 얼룩은 세제로 제거될 수 있을까요? -- 그럴 것 같지 않아요. (난 그렇게 생각 안 해요.)

28 우리가 그 숲 속으로 걸어 들어갔을 때, a이상한 에너지가 느껴졌다.

29 an외계 생명체가 이번 우주 탐사에서(in) 발견될 수도 있다고 기대하시나요?

30 이 건물은 a오랜 시간 동안 폐쇄되어 있었지.(완료) 하지만 아무도 그 이유를 몰라.

플라스틱	plastic	먹어 치우다	eat away	세제	detergent
표시, 전시되다	be displayed	소개되다	be introduced	외계 생명체	alien life
네트워크	network	보관되다	be kept	발견되다	be found
테두리	edge	얼룩	stain	우주 탐사	space exploration
장식되다	be decorated	제거되다	be removed	폐쇄되다	be closed

31 내 목소리가 녹음되고 있다는 걸 **어떻게** 알 수 있었겠어?

32 너무나 많은 시간과 돈이 사교육 속에서 낭비되고 있는 거예요.

33 넌 믿지 않을 수도 있겠지만, 난 외계인들에게(by) 납치된 적이 있어(완료).

34 the우주는 팽창하고 있다고 믿어지지요. 그러면, 우린 **어떻게** 그걸 증명할 수 있을까요?

35 모든 것은 우리의 마음에 달려있다고 말해지지요.

36 게다가, **누가** 이 책을 썼는지는 지금까지 알려져 있지 않아.

37 그 아름다운 숲들이 골프장을 위해 파괴되고 있다는 건 말이 안 된다.

38 난 the프린터가 **왜** 그렇게 자주 고장 나는지 이해할 수가 없어.

39 요즘 이런 책들은 젊은 사람들에게(by) 읽히지 않아요. (이런 책들 : these kinds of books)

40 a다리 여섯 달린 개구리가 그 오염된 강에서 잡혔다. (완료)

녹음되다	be recorded	파괴되다	be destroyed
낭비되다	be wasted	골프장	golf course
사교육	private education	읽히다	be read
납치되다	be abducted	다리 여섯	six-legged
우주	space	잡히다	be caught
팽창하다	expand-ed	오염된	polluted

34 ~ 37

명사절이 수동태 문장의 주어가 되면 가주어를 사용하는 것이 좋습니다.

능동태	수동태
That he is a good man is believed.	It is believed **that he is a ~**.
That the earth is round was found.	It was found **that the earth is ~**.
Who she was is not known.	It is not known **who she was**.
Why you failed is not explained.	It is not explained **why you ~**.

41 the시간에 대해서는 걱정하지 마세요. 충분한 시간이 여러분에게 주어질 거예요.

42 내가 the창문을 열었을 때, the온 세상이 하얀 눈으로(with) 덮여 있었다.

43 우리 반은 이 게임을 하기 위해서˚ 세 그룹으로(into) 나누어질 거야.

44 이 이야기 속에서, 놀부는 an지독한 구두쇠로 묘사됩니다.

45 난 내가 여덟 살이 될 때 까지˚ my할머니에게서(by) 길러졌지.

46 그 물은 여러분들이 그 물을 마시기 전에˚ 충분히 끓여져야 합니다.

47 우리는 밤새도록˚ 모기들에게(by) 물렸어요.

48 the선생님은 "네 기술들이 많이 향상된 것 같아"라고 말씀하셨다.

49 나를 쳐다보면서, 그가 물었다. "너 학교에서 왕따 당하고 있는 거야?"

50 넌 네가 your가족과 친구들에게(by) 충분히 사랑받고 있다고 느끼니?

주어지다	be given	지독한	awful	모기	mosquito
온~	whole	구두쇠	miser	기술	skill
덮이다	be covered	길러지다	be raised	향상되다	be improved
나누어지다	be divided	끓여지다	be boiled	많이	a lot
묘사되다	be described	물리다	be bitten	왕따 당하다	be bullied

MEMO

2 준동사의 수동태 : being PP, to be PP

준동사(verbal)는 동사가 변해서 만들어집니다. 따라서 동사가 수동태라면 준동사 역시 수동태가 되겠지요.

부정사의 수동태 형태는 **'to be pp'** 이고, **동명사, 현재분사의 수동태** 형태는 **'being pp'** 입니다.

동명사와 부정사는 **주어, 명사보어, 동사의 목적어, 전치사의 목적어**로 사용되며, **'~하는 것, ~하기'**의 의미입니다.
따라서 수동태의 의미는 **'~되는 것, ~지는 것, ~이/히는 것, ~받는 것, ~되기, ~지기, 등'**이 되겠지요.

주어, 명사보어 [to be pp, being pp]

| 주어 ← 동사 부정사 |
| 명사보어 |

왕따 당하는 것은 끔찍한 경험이야.	It is a terrible experience **to be bullied.**
그들에게 사랑받는 것이 내가 원하는 거야.	**Being loved by them** is what I want.
내가 원하는 것은 **그들에게 사랑받는 거야.**	What I want is **to be loved by them.**
내가 원하는 것은 **그들에게 사랑받는 거야.**	What I want is **being loved by them.**

부정사가 주어인 경우 가주어를 사용하는 것이 좋습니다.

동사의 목적어 [to be pp, being pp]

동사의 목적어 ← 동명사 부정사

난 **다시 야단맞고** 싶지는 않아.	I don't want **to be scolded** again.
난 **반장으로 뽑히지** 못했어.	I failed **to be elected as class president.**
그는 **다친** 척했다.	He pretended **to be hurt.**
난 **어린애로 취급받는 걸** 좋아하지 않아.	I don't enjoy **being treated as a child.**
그는 어떻게 **잡히는 걸** 피할 수 있었을까?	How could he avoid **being caught?**
그들의 대화가 **기록되기** 시작했다.	Their talk began **to be / being recorded.**
누구나 **평가받는 걸** 싫어해.	Everyone hates **to be / being judged.**

3형식 동사는 동명사를 목적어로 사용하는 동사, 부정사를 사용하는 동사, 둘 다 사용하는 동사로 나뉘지요.

전치사의 목적어 [being pp]

전치사의 목적어 ← 동명사 **부정사**

그는 **선택받지 못한 것**에 대해 불평했다.	He complained about **not being chosen.**
난 **야단맞는 게** 무서웠어.	I was afraid of **being scolded.**
이건 **구워짐으로써** 완성된다.	It is completed by **being baked.**
그는 **잡히지 않고** 도망칠 수 있었다.	He could run away without **being caught.**
난 **그런 식으로 취급받는데** 질렸어.	I am tired of **being treated like that.**

명사 시리즈 중에서 부정사는 전치사의 목적어로 사용하지 않지요.

그래서 전치사 뒤에는 동명사가 자주 등장하게 됩니다.

부정사가 부사로 사용되면 **목적, 정도, 감정의 원인**을 표현하지요.
따라서 수동태의 의미는 '~되려고, ~되기 위해, ~되려면' '~되기에는, ~될 정도로/만큼'
'~되어서'가 되겠지요.

부사	부사구	부사절	부정사
			to V, in order to V
			too ~ to V, enough to V

○ **목적, 정도, 원인 [to be pp]**

재활용되려고 기다리고 있다.	They are waiting **to be recycled**.	목적 : **to** be pp, **in order to** be pp
사랑받으려면, 네 태도를 바꿔.	**In order to be loved,** change your attitude.	
그는 **선택받기 위해** 노력했다.	He tried **to be chosen**.	

이건 **여기 전시되기에는** 너무 커.	It is too big **to be displayed here**.	정도 : **too ~ to** be pp, **enough to** be pp
사과가 **따질 만큼** 충분히 익었다.	Apples are ripe enough **to be picked**.	

그들에게 사랑받아서 행복했다.	I was happy **to be loved by them**.	원인 : 감정형용사 + **to** be pp
그녀는 **혼자 남겨져서** 슬펐다.	She was sad **to be left alone**.	

부사절을 분사구로 간단히 할 때 접속사는 남거나 생략(동시, 이유)됩니다.
특히, 분사구의 '**being**'은 생략될 수 있다는 점을 기억해야 하겠습니다.
'**being**'이 생략되면 분사구의 형태는 [접속사 + PP] 또는 [PP]의 형태가 되겠지요.

부사	부사구	부사절	분사구
			V~ing
			[접속사] + **V~ing**

○ **동시, 이유 [being pp]**

난 엄마한테 감시 받으면서 살고 있다.	I am living (**being**) **watched by mom**.	(**being**) PP : 동시, 이유
거기 **묻힌 채로** 잘 보존되어 있었다.	It was preserved well (**being**) **buried there**.	
음악에 관심이 있으니까, 그는 올 거야.	(**Being**) **interested in music**, he will come.	
얼어붙어서, 손가락조차 못 움직였어.	(**Being**) **frozen**, I couldn't even move my fingers.	

이건 **적절히 사용될 때/되면** 안전해.	It is safe when / if (**being**) **used properly**.	접속사 + (**being**) PP
여기서 알려져 있지 않지만, 그는 가수야.	Although **not** (**being**) **known here**, he's a singer.	
그는 **야단맞은 후/맞기 전에** 떠났다.	He left after / before **being scolded**.	

전치사로도 사용될 수 있는 '**after, before**' 뒤에는 '**being**'을 남겨두는 것이 좋습니다.

[I went out **after being scolded**.] [He met someone **before being caught**.]

1 　그 물고기는 "난 먹히고 싶지 않아."라고 말하는 것 같았어.

2 　그래서, 난 "너는 우리한테(by) 먹히려고 길러졌거든."이라고 속삭여 줬지.

3 　이런 종류의 정보는 다른 사람들과 공유될 필요가 있어요.

4 　네가 ₐ아이처럼 취급받기를 원하지 않는다면, 넌 더 책임감 있게 처신해야만 해.

5 　그 이야기를 듣고 나서, 우린 감동받은 척했다.

6 　그 로켓은 the나쁜 날씨 때문에 발사되지 못했다. (~못하다. : fail to ~)

7 　이런 광고들에(by) 현혹되기가(to~) 쉽습니다.

8 　어린 아이들은 컴퓨터 게임들에 중독되기 쉽지요. (~되기 쉽다. : be likely to be~)

9 　난 그녀가 **왜** 사진 찍히는 걸 싫어하는지 이해가 안 돼.

10 　그 파일이 다운로드 되기 시작했을 때, my엄마가 돌아오신 거야.

먹히다	be eaten	취급받다	be treated	현혹되다	be dazzled
속삭이다	whisper-ed	처신하다	behave-d	광고	ad (advertisement)
길러지다	be raised	책임감 있게	responsibly	~에 중독되다	be addicted to ~
정보	information	감동받다	be impressed	사진 찍히다	be photographed
공유되다	be shared	발사되다	be launched	다운로드되다	be downloaded

11   아무튼 그 캠페인은 계속될 필요가 있어요.

12   그는 his사후에* 그의 고향에 묻히길 바랐었다.

13   **왜** 사람들은 영원히 기억되길 바라는 걸까?

14   the가격이 여기에 표시되도록 되어있어.

15   설탕은 첨가되기로 되어있지 않아. [되어서는 안돼.]

16   당신이 주문한 **것**은 이틀 안에* 당신에게 **배달될 예정입니다**(be going to~).

17   많은 것들이 자연법칙으로 설명될 수 없지요(be able to~).

18   많은 시간과 노력이 절약될 수 있을 거예요(will be able to ~).

19   더 많은 아이들이 폭력에 노출될 것 같아요. (~될 것 같다 : be likely to be~)

20   a아기 호랑이가 막 태어나려 해요.

캠페인	campaign	영원히	forever	자연법칙	natural laws
계속되다	be continued	가격	price	노력	effort
묻히다	be buried	표시되다	be marked	절약되다	be saved
고향	hometown	첨가되다	be added	노출되다	be exposed
사후에	after death	배달되다	be delivered	폭력	violence

수동태 부정사 : to be PP

21 복받으려면, ₐ좋은 마음씨를 갖도록 **노력해.**

22 처음에, 이 건물은 ₐ감옥으로 사용되려고 **지어졌어요.**

23 그 후, 그 축제는 가을마다 개최되기(열리기) 시작했습니다.

24 그들은 the대통령으로 당선되려고 거짓말하는 것도 주저하지 않지.

25 이 문제는 ₐ짧은 시간에 해결되기에는 너무 **복잡해.** [너무 복잡해서 짧은 시간에 해결될 수 없다.]

26 저는 더 많은 나무들이 the도시에 심어질 필요가 있다고 생각해요.

27 ₐ기회를 위해 준비되어 있는 것은^(to~) **좋습니다.**

28 우리 사회에서, 외모는 무시되기에는 너무 중요하지요.

29 가정에서 잘 교육 받는 것은^(to~) 매우 중요하지요.

30 부모에게_(by) 버림받는다는 것은^(to~) ₐ끔찍한 일이 분명합니다.

복받다	be blessed	당선되다	be elected	사회	society
마음씨	heart	복잡하다	be complicated	외모	appearance
감옥	prison	해결되다	be solved	무시되다	be ignored
축제	festival	심어지다	be planted	잘 교육받다	be well educated
개최되다	be held	준비되다	be prepared	버림받다	be abandoned

31 사랑받는 것^(~ing)은 모든 살아있는 것들이 원하는 것입니다.

32 너 스스로에게 만족하는 것이^(~ing) 그 어떤 것보다 더 중요해.

33 그는 _a구두쇠로 알려지는 것^(~ing)을 좋아하지 않았다. 하지만, 그는 그 돈을 포기할 수 없었다.

34 철수는 "난 명령받는 게^(~ing) 싫어."라고 말하면서 나가버렸다.

35 아무도 왕따 당하는 걸 즐기지(좋아하지) 않아.

36 그녀는 인기 스타들에게서 프로포즈받는 걸^(of) 상상하곤 했지.

37 아이들은 그들이 _a일정한 나이에 도달하면(할 때) 간섭받는 것을^(~ing) 싫어합니다.

38 내 눈은 계속 부풀어 오르더니 _a개구리눈이 되어버렸다.

39 그 소년은 그의 어머니께_(by) 벌받은 게^(~ing) 기억났다.

40 그 비행기는 레이더에 잡히는 것을 피하려고 낮게 날고 있었습니다.

살아있는 것들	living things	명령받다	be ordered	도달하다	reach-ed	낮게	low
만족하다	be satisfied	왕따 당하다	be bullied	일정한/어떤 ~	certain	잡히다	be caught
그 어떤 것	anything else	프로포즈받다	be proposed	부풀어 오르다	be swollen	레이더	radar
~로 알려지다	be known as~	인기 스타	popular star	벌받다	be punished		
구두쇠	miser	간섭받다	be meddled	비행기	plane		

41 사람들이 저런 식으로 무시당하는 것에(at) 화를 내는 것은 당연해요.

42 나는 다른 학생들 앞에서* the선생님에게(by) 칭찬받는 것이 자랑스럽게 느껴졌다.

43 우리는 our학교 성적으로(by) 평가받는 것에 질려버렸다.

44 난 a착한 소년으로* 알려지는 것에 관심 없어.

45 당신의 선행에(for) 감사 받지 못한 것에 대해 불평하지 마세요.

46 그것은 보존되는 것과는 거리가 멀었다. 그것들은 오히려 방치되고 있었다.

47 그녀의 작은 정원에 심어지는 걸 꿈꾸면서, 그 씨앗들은 잠자고 있어요.

48 호랑이들이나 사자들 또한 다른 맹수들에게 공격받는 것에 대해 걱정합니다.

49 난 그 소리에(of) 겁먹은 것이 부끄러웠지.

50 난 괴롭힘을 당하거나 놀림당하는 것이* 항상 두려웠다.

무시당하다	be ignored	감사 받다	be thanked	방치되다	be neglected	괴롭힘당하다	be bullied
칭찬받다	be praised	선행	good behavior	걱정하다	worry-worried	놀림당하다	be teased
~에 질리다	be sick of ~	~와 거리가 멀다	be far from ~	공격받다	be attacked		
판단되다	be judged	보존되다	be preserved	맹수	predator		
불평하다	complain-ed	오히려	rather	~에 겁먹다	be scared of~		

수동태 동명사 : 전치사 + being PP

51 그것들의(of) 대부분은 버려지는 대신 재활용 될 수 있어요.

52 학생들의 권리는 무시되는 대신 존중되어야 합니다.

53 들키지 않고 빠져나가는 것은(to~) 거의 불가능해.

54 난 방해받지 않고* 잠시 동안 혼자 있고 싶어요.

55 넌 ₐ좀비 모기에 물려서(물림으로써) ₐ좀비가 될 수도 있어.

56 이 노래는 어떤 영화의 the주제곡으로 사용되어서(사용됨으로써) the사람들에게 알려지게 되었지요.

57 그 건조한 조건이 부패되는 것으로부터 그것들을 방지해 주었습니다. (~로 부터 A를 방지, 예방해 주다. : **prevent** A from~)

58 ₐ긍정적인 태도가 스트레스를 받는 것으로부터 당신을 지켜 줄 수 있습니다. (~로 부터 A를 지켜 주다. : **keep** A from~)

59 어쨌거나, 난 그것이 학교에서 쫓겨나는 것보다는 낫다고 생각해. (~보다 낫다. : be better than ~)

60 그것은 모욕 당한 것과(as) the마찬가지였다. (~와 마찬가지다. ~와 같다. : be the same as ~)

재활용되다	be recycled	들키다	be seen, be caught	주제곡	theme song	태도, 자세	attitude
버려지다	be thrown away	잠시	for a while	건조한	dry	스트레스받다	be stressed
권리	rights	방해받다	be disturbed	조건	condition	쫓겨나다	be expelled
존중되다	be respected	좀비	zombie	부패되다	be decayed	모욕 당하다	be insulted
빠져나가다	slip out	물리다	be bitten	긍정적인	positive		

수동태 분사구 : (접속사) + being PP

61 **왜** 감자는 the햇빛에 노출되었을 때 **녹색이** 될까요? (녹색이 되다. : turn green)

62 the인터넷은 적절하게 사용되지 않을 때는 많은 문제를 일으키지요.

63 가끔, 물건들은 배달되는 동안 손상을 입을 수도 있습니다.

64 그는 번개에 맞은 후 일종의 초능력을 얻었지.

65 그 책은 1966년에 발견되기 전* 석가탑 속에 숨겨져 있었어요.

66 내가 말한 **것**에 놀라서(놀란 채로), 그녀는 날 쳐다보았다.

67 사람들에게 둘러싸인 채, 그 노인은 his낡은 바이올린으로 아름다운 선율을 연주하고 있었다.

68 시간이 지나면서, 그 사건은 해결되지 않은 채 잊히기 시작했지. (시간이 지나면서 : over time)

69 흙과 나무로 만들어져 있기 때문에(있어서), 한옥은 매우 **환경친화적입니다.**

70 난 그녀의 말에 실망해서(한 채로) **돌아와야 했어.**

감자(들)	potato(es)	손상 입다	be damaged	번개	lightning	잊히다	be forgotten
노출되다	be exposed	배달되다	be delivered	숨겨지다	be hidden	해결되지 않다	be unsolved
일으키다	cause-d	얻다	gain-ed	둘러싸이다	be surrounded	흙	earth
적절하게	properly	초능력	supernatural power	선율	melodies	환경친화적	eco-friendly
물건들	things	~에 맞다	be struck by~	사건	incident		

MEMO

3 4형식 문장 : ~에게 ~을

3형식 동사들 중에는 목적어 뒤에 부사구인 '~에게(to~, for~)'가 자주 따라다니는 동사들이 있습니다.

영어는 이 동사들의 부사구^(~에게)에서 전치사 'to~, for~'의 목적어만 동사 뒤로 보낸 다음 **간접목적어**(Indirect Object : **IO**)라고 부르고,

원래의 목적어는 **직접목적어**(Direct Object : **DO**)라고 불러 3형식 문장과 똑같은 의미를 표현할 수 있습니다.

목적어가 두 개인 새로운 문장 형태를 만든 것이지요. 이 새로운 문장 형태가 바로 4형식 문장입니다.

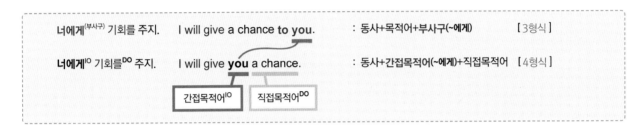

3형식	4형식(간접목적어)
Give the key **to** me.	Give **me** the key.
I told the truth **to** him.	I told **him** the truth.
Don't show this picture **to** them.	Don't show **them** this picture.
She cooked tteokbokki **for** us.	She cooked **us** tteokbokki.
Who will buy lunch **for** me?	Who will buy **me** lunch?
It saves time **for** us.	It saves **us** time.
I will sing a song **to** / **for** Sooni.	I will sing **Sooni** a song.
Read this book **to** / **for** the baby.	Read **the baby** this book.
He asked a question **of** me.	He asked **me** a question.

4형식 동사 : ~에게 ~을	
주다	**give**
말하다, 말해 주다	**tell**
보여 주다	**show**
가르치다, 가르쳐 주다	**teach**
빌려 주다	**lend**
건네다, 건네주다	**hand**
전하다, 전해 주다	**pass**
던지다, 던져 주다	**throw**
만들어 주다	**make**
남기다, 남겨 주다	**leave**
요리해 주다	**cook**
사 주다	**buy**
남겨주다, 절약해 주다	**save**
가져다, 데려다주다	**bring**
연주해 주다	**play**
노래해 주다	**sing**
읽어 주다	**read**
보내다, 보내 주다	**send**
묻다. 요청, **부탁**하다.	**ask**

4형식 동사들은 3형식 문장일 때 '~에게'의 의미를 표현하는 전치사에 따라 구분하기도 합니다.

○ **to** ~ 만 사용	give, tell, show, teach, lend, hand, pass, throw
○ **for** ~ 만 사용	make, leave, cook, buy, save
○ **to** ~ 또는 **for** ~ 를 사용	bring, play, sing, read, send
○ **of** ~ 만 사용	ask

4형식 문장의 직접목적어 자리에는 명사절이 사용되는 경우가 많이 있습니다.

직접목적어가 명사절처럼 길 때는 3형식보다는 4형식으로 표현하는 것이 보기에도 좋기 때문이지요.

| 철수한테 나 못 간다고 말해줘. | Tell Chulsu that I cannot go there. | 4형식 (good) |
| | Tell that I cannot go there to Chulsu. | 3형식 (bad) |

[간접목적어 + 명사절]

그는 그가 바쁠 거라고 내게 말했어.	He told **me that he would be busy**.
뭘 해야 하는지 내게 말해줘.	Tell **me what to do**.
그는 그가 올지 안 올지 우리한테 말해주지 않았어.	He did not tell **us if / whether he would come or not**.
누가 이 프로그램을 **어떻게** 쓰는지 네게 가르쳐 줬니?	Who taught **you how to use this program**?
그는 내가 알고 싶은 것을 내게 가르쳐 주지 않았다.	He did not teach **me what I wanted to know**.
이것은 문제가 **얼마나** 심각한지 우리에게 보여준다.	It shows **us how serious the problem is**.
네가 거기 꼭 가야 하는지 선생님께 여쭤봐.	Ask **your teacher if / whether you must go there**.
난 네가 갖고 싶은 것은 무엇이든 네게 줄 수 있어.	I can give **you whatever you want to have**.

한국어는 3형식과 4형식의 구분이 필요 없습니다.

즉 간접목적어(~에게)의 위치를 목적어(~을,를)의 앞 또는 뒤 어디에 두어도 상관없지요.

[너에게 이 책을 주마.] **=** [이 책을 너에게 주마.]

✧ 하지만 영어는 3형식과 4형식이 엄격하게 구분됩니다.

따라서 '~에게'가 어디에 있건 필요에 따라 4형식 또는 3형식 문장을 표현할 수 있어야 하지요.

당분간은 4형식 문장의 간접목적어를 **IO** 로 표시해 두도록 하겠습니다.

내가 **네게**[IO] 힌트를 주겠다.	**=** 내가 힌트를 **네게**[IO] 주겠다.	I will give **you** a hint.	4형식
내가 네게 힌트를 주겠다.		I will give a hint to you.	3형식
넌 **내게**[IO] 진실을 말하지 않았어.	**=** 넌 진실을 **내게**[IO] 말하지 않았어.	You didn't tell **me** the truth.	4형식
넌 내게 진실을 말하지 않았어.		You didn't tell the truth to me.	3형식

4형식 문장은 동사를 쓴 후 반드시 간접목적어를 먼저 쓰고 직접목적어를 써야 한다는 것을 기억하세요.

| 경험은[1] 우리에게[IO3] 많은 것들을[4] 가르쳐 줍니다[2]. | Experiences[1] teach[2] us[3] many things[4]. |
| 경험은[1] 많은 것들을[4] 우리에게[IO3] 가르쳐 줍니다[2]. | |

1 제발 내게^{IO} ₐ기회를 주세요. [제발 ₐ기회를 내게^{IO} 주세요.]

2 좋은 책들을 읽는 것은^(~ing) 우리에게^{IO} 큰 즐거움을 줄 수 있습니다.

3 그 녀석들이 너에 대해서 묻더라고. 하지만 난 그들에게^{IO} 어떤 것도 말해주지 않았어.

4 넌 the문제가 **뭔지** 나한테^{IO} 말해 주는 편이 좋아. 그걸 숨기려고 애쓰지 마.

5 우리의 언어를 동물들에게^{IO} 가르치기란^(to~) 불가능합니다.

6 my엄마는 내가 네 살 때ᵃ 처음으로 내게^{IO} 영어를 가르치기 시작했어.

7 난 생각 없이 그들에게^{IO} 내 사진 앨범을 보여 줘버렸지. (생각 없이 : 생각하지 않고)

8 그는 그의 기분을 그들에게^{IO} 보여주지 않으려고 노력했지만, 그의 얼굴은 이미 일그러져 있었다.

9 my형은 "피자 한 조각만 내게^{IO} 남겨줘."라고 말하면서ᵃ 밖으로 달려나갔다.

10 그들은 우리에게^{IO} 오직 하나의 선택만을 남겨두었고, 우린 그것을 받아들일지 말지 결정해야 했다.

기회	chance	~ 한 조각	a piece of ~
큰 즐거움	great pleasure	선택	choice
숨기다	hide-hid-hidden	받아들이다	accept-ed
언어	language		
일그러지다	be distorted		

11 철수가 내게^{IO} 돈을 빌려줄 거라고 기대하면서, 난 그에게 전화를 했다.

12 내가 거기서 너한테^{IO} 돈 빌려 줬던 거 기억 안 나?

13 그녀는 이 쪽지를 내게^{IO} 건네주고는(건네준 후) _{the}바람처럼 사라졌다.

14 철수는 내가 _{the}공을 그에게^{IO} 패스하지 않아서* 삐친 것 같았다.

15 내가 돌아보자(돌아봤을 때), 그는 내게^{IO} 크고 빨간 사과를 하나 던져 주었다.

16 _{my}엄마는 아침마다 내게^{IO} 과일주스를 만들어 주시곤 하셨어요.

17 내가 _a감기 기운이 있을 때 마다 _{my}어머니께서는 내게^{IO} 따뜻한 유자차를 타 주셨어요_(make).

18 너희들이 온다면, 내가 너희들에게^{IO} 맛있는 파스타를 요리해 줄게.

19 아빠. 내 생일날 나한테^{IO} 그 CD사주시겠다고 약속하셨어요. 그 약속 잊지 마세요.

20 난 _{my}할머니께^{IO} _a특별한 선물을 사 드리려고* 여기저기 둘러봤지.

기대하다	expect-ed	돌아보다	look back
빌려주다	lend-lent	과일주스	fruit juice
사라지다	disappear-ed	감기 기운	a slight cold
쪽지	note	유자차	yuja, citron tea
삐친	sulky	둘러보다	look around

21 물론, 이런 기계들이 우리에게^{IO} 많은 수고를 절약해 주고 있다는 건 사실입니다. 하지만...

22 네가 날 도와준다면, (it) 나한테^{IO} 많은 시간을 절약해 줄 거야.

23 그 퍼즐 나한테^{IO} 가져와봐. 내가 너 대신 그걸 시도해 보겠어. 내가 너보다는 더 똑똑하잖아.

24 이 긴 겨울이 끝난 후, 봄의 the온기가 the대지에^{IO} 새 생명을 가져다주겠지요.

25 들어봐. the자연은 항상 우리들에게^{IO} 아름다운 음악을 연주해 주고 있어.

26 My할머니께서는 이 노래를 내게^{IO} 불러주셨고, 그러면 난 편안하게 잠들 수 있었어.

27 큰 목소리로(in) 다시 한번 그 문장들을 우리에게^{IO} 읽어 주겠니?

28 난 the아침에(in) 엄마한테 짜증 부린 것을(for) 사과하려고 엄마한테^{IO} a문자를 보냈다.

29 갑자기 그 녀석이 내게^{IO} my이름과 전화번호를 묻는 거야.

30 너한테^{IO} 부탁하나 해도 될까? 나한테^{IO} 시원한 물 한 잔 가져다줄래? (부탁 좀 해도 될까? : May I **ask** you a favor?)

기계	machine	대지	earth	문장	sentence	물 한 잔	a cup of water
수고	trouble	생명	life	큰 목소리로	in a loud voice		
퍼즐	puzzle	자연	nature	문자	text message		
시도해 보다	try-tried	잠들다	fall-fell alseep	사과하다	apologize-d		
온기	warmth	편안하게	comfortably	짜증 부리다	show one's temper		

4형식 문장 : ~에게 ~을^(명사절)

31 난 내가 그녀를 사랑한다고 그녀에게^{IO} 말하지 못했어_(fail to~).

32 난 네가 네가 거기서 보고 들은 것을 내게^{IO} 말해 주기 전까지는 가지 않겠어.

33 행복하려면* **무엇을** 해야 하는지 그리고 **어떻게** 해야 하는지 내게^{IO} 말해 주세요.

34 네가 원한다면, 이 게임을 **어떻게** 하는지 네게^{IO} 보여줄게.

35 이 경우가 우리의 태도가 **얼마나** 중요한지를 우리에게^{IO} 보여주고 있습니다.

36 수민이는 그녀가 거기에 적은 것을 내게^{IO} 보여주지 않으려고 _{the}공책을 닫아버렸다.

37 그 선생님은 늘 우리들 각자가 매우 특별한 존재라는 것을 우리들에게^{IO} 가르치려 애쓰셨다.

38 우린 학교에서 **어떻게** _a행복한 가정을 만들어야 하는지 _{the}학생들에게^{IO} 가르쳐야 할지도 몰라.

39 한 이상한 남자가 네가 **어디** 있는지 사람들에게^{IO} 물어보고 있어. 너 거기서 **무슨 짓을** 한 거야?

40 네가 _a의미 있는 삶을 살고 싶다면, 넌 네가 정말로 하고 싶은 게 **뭔지**를 너 자신에게^{IO} 물어볼 필요가 있어.

경우	case	존재	being
태도	attitude	의미 있는	meaningful
공책	notebook		
~의 각자	each of ~		
특별한	special		

41 그 소리에 놀라서^(동시), 그녀가 내게^{IO} 물었다. "쟤네들 지금 **뭐**하고 있는 거야?"

42 난 그녀도 그 파티에 초대받았는지 수민이에게^{IO} 물어보기가 망설여졌다.

43 난 가끔은, 내가 원하는 걸 나 자신에게^{IO} 주는 것^(to~)이 현명하다고 생각해.

44 그 남자가 소리쳤다. "네가 손에 들고 있는 **걸** 나한테^{IO} 던져라."

45 나한테^{IO} ₐ연필과 종이를 가져와. 내가 **어떻게** 이런 종류의 문제를 풀어야 하는지 네게^{IO} 가르쳐 줄게.

46 그 소녀가 _{the}개구리에게^{IO} 그 주문을 읽어주자마자, 그 개구리는 ₐ왕자로 변했다.

47 네가 준비됐을 때 나한테 전화해. 내가 네가 요청했던 **것**을 너한테^{IO} 보내 줄게.

48 그 요술 냄비는 그가 먹고 싶은 것은 **무엇이든지** 그 소년에게^{IO} 만들어 주었어.

49 네가 날 위해서 이걸 해 주면, 난 네가 갖고 싶은 건 **뭐든지** 네게^{IO} 사 줄게.

50 철수는 그가 가진 것은 **무엇이든** _{his}친구들에게^{IO} 빌려줘요. 그렇게 하는 게^(to~) 쉽지는 않잖아요.

들고 있다	hold-held
주문	magic words
~로 변하다	turn / change into ~
요청하다	ask-ed
요술 냄비	magic pot

4형식 동사의 3형식 표현

4형식 문장은 전치사를 사용하여 3형식으로 표현할 수 있고, 특히 직접목적어가 'it'인 경우 반드시 3형식으로 표현합니다.

	S+V+O+ to ~	S+V+O+ for ~	S+V+O+ to / for ~
4형식 (X)	Who gave **you** it?	He made **me** it.	Read him **it**.
3형식 (O)	Who gave **it** to you?	He made **it** for me.	Read **it** to / for him.

1	너 이거 필요 없으면, 나한테 이걸 줘.	If you don't need it, give it to me.
2	넌 ₍your₎선생님께 이걸₍it₎ 말하는 게 좋아.	
3	난 ₍my₎친구들에게 그 사진을 보여줬다.	
4	**누가** 너한테 영어를 가르쳤어?	
5	걱정 마. 내가 너한테 하나 빌려줄 수 있어.	
6	그는 ₐ말없이˚ 내게 그 책을 건네줬다.	
7	내가 ₍the₎공을 잡으면, 너한테 그걸 패스할게.	
8	너한테 ₍the₎열쇠 던질게. 그걸 잡아.	
9	그녀는 우리에게 맛난 파전을 부쳐주셨다.	She made delicious pajeon for us.
10	네 동생한테도 피자 한 조각 남겨줘.	
11	너희에게 **뭘** 요리해 줘야 할까?	
12	나한테 떡볶이 좀 사줘. 배고파 죽겠어.	
13	그게 네게 많은 시간을 절약해 줄 거야.	
14	₍your₎할머니께 이걸 가져다 드려.	Bring it to/for your grandmother.
15	날 위해서 ₍the₎월광을 연주해 줄 수 있겠니?	
16	₍the₎선생님은 우리에게 ₐ팝송을 불러주셨다.	
17	그녀는 ₍the₎수업 전에˚ 우리에게 ₐ시를 읽어준다.	
18	**누가** 내게 그 메시지를 보냈을까?	
19	너한테₍of₎ 질문 하나 해도 될까? (May I~)	

따라오다	follow-ed	~ 한 조각	a piece of ~	월광	the Moonlight Sonata
잡다	catch-caught	배고파 죽겠다	be starving	시	poem

4 4형식 문장의 수동태

4형식 동사의 일부, 특히 [give, tell, teach, ask]는 간접목적어[IO]를 주어로 하는 수동태 문장으로 표현할 수 있습니다.
간접목적어가 주어가 되면 '~가 ~를 받다. 듣다. 배우다. 질문 받다.'의 의미가 되겠지요.

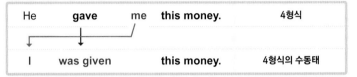

수동태(간접목적어 주어)		간접목적어가 주어인 수동태	
They **gave** me nothing.	I **was given** nothing.	**be given** + DO	~을 받다.
He **told** me (that) you betrayed me.	I **was told** (that) you betrayed me.	**be told** + DO	~을 듣다.
He **will teach** you a lot of things.	You **will be taught** a lot of things.	**be taught** + DO	~을 배우다.
They **asked** him what to do next.	He **was asked** what to do next.	**be asked** + DO	~을 질문 받다.

직접목적어[DO]가 주어인 수동태의 경우 4형식 문장이 아닌 3형식 문장을 수동태로 바꾸는 것이 일반적입니다.
그러니까 간접목적어에 해당하는 '~에게'는 'to~, for ~'의 형태로 남게 되는 것이지요.

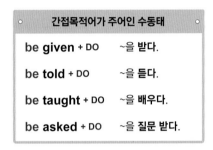

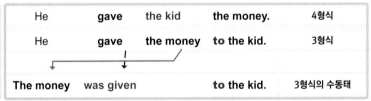

3형식	수동태	직접목적어가 주어인 수동태	
They will give **it** to the winner.	**It will be given** to the winner.	**be given** to ~	~에게 주어지다
We will show **the picture** to you.	**The picture will be shown** to you.	**be shown** to ~	~에게 보이다, 공개되다
What did he leave to you?	**What was left** to you?	**be left** to ~	~에게 남겨, 맡겨지다
He handed **it** to the police.	**It was handed** to the police.	**be handed** to ~	~에게 건네, 주어지다
They threw **me** to the lion.	**I was thrown** to the lion.	**be thrown** to ~	~에게 던져지다
They sent **messages** to her.	**Messages were sent** to her.	**be sent** to ~	~에게 보내지다
They brought **me** to a PC room.	**I was brought** to a PC room.	**be brought** to ~	~에게 데려가, 보내지다

4형식의 수동태 표현 : 간접목적어가 주어

수동태는 주어가 분명하지 않거나 당연하여 말할 필요가 없는 경우에 주로 사용한다고 배웠습니다.
물론 원래의 주어가 'by~'의 형태로 수동태 문장에 남기도 하지요. [주어 또는 목적어를 강조하고 싶을 때]
원래의 주어 'by~'는 '~에게, ~에게서, ~에 의해, ~로부터, 등'의 의미로 사용됩니다.

1	넌 ₐ마땅한 처벌을 받을 거다.	be given + O
2	우린 the입구에서 3D안경을 받았다.	
3	난 그가 이미 충분한 벌을 받았다고 생각해.	
4	그들은 동등한 대우를 받아야 해.	
5	난 그것에 대해 아무것도(nothing) 듣지 않았다.	be told + O
6	난 네가 the약속을 지키지 않았다고 들었어.	
7	가끔 순이는 그녀가 예쁘다는 말을(that) 듣곤 했지.	
8	그는 그 점쟁이에게 the희한한 말을 들었다.	
9	넌 문자로(through) **무엇을** 할지 듣게 될 거야.	
10	나도 저 선생님께 영어를 배웠거든.	be taught + O
11	아기들은 **어떻게** 걷는지 배울 필요가 없어.	
12	너희들은 오늘 필살기 하나를 배울 거다.	
13	난 내가 학교에서 **뭘** 배우는지 모르겠어.	
14	각각의 학생은 the같은 질문들을 받았다.	be asked + O
15	넌 네가 거기서 날 봤는지 질문 받을 거야.	
16	그는 the상황이 **얼마나** 심각한지 질문 받았다.	

'be given, be told, be taught'는 'receive (받다) hear (듣다) learn (배우다)'로 바꾸어 표현 할 수도 있습니다.
하지만 수동태로 표현하면 주어가 그 행위를 하는 것이 아니라 **'당한다'**는 의미를 표현 할 수 있겠지요.

마땅한	just	희한한	odd
처벌, 벌	punishment	점쟁이	fortune teller
입구	entrance	필살기	lethal skill
동등한	equal	상황	situation
대우	treatment		

4형식의 수동태 표현 : 직접목적어가 주어

#		
1	드디어 ₐ미션이 우리들에게 주어졌다.	be **given** to~
2	너무 많은 스트레스가 the학생들에게 주어져요.	
3	**어떤 종류의 보상이** 우리에게 주어질까요?	
4	이 영화는 아이들에게 보여서는 안 된다.	be **shown** to~
5	the UFO와 두 외계인이 the대중에게 공개되었다.	
6	the다음 이야기는 네 상상에 맡겨진다.	be **left** to~
7	그건 그의 판단에 맡겨져야만 한다.	
8	아무것도 우리에게 남겨지지 않을 거야.	
9	그의 책이 무료로˚ 모두에게 건네집니다.	be **handed** to
10	**무엇이** 그에게 건네졌나?	

#		
11	너는 the굶주린 호랑이에게 던져질 것이다.	be **thrown** to~
12	음식물은 the동물들에게 던져지면 안됩니다.	
13	그녀는 지금 당장 the병원으로 보내져야 해.	be **sent** to~
14	뉴스 메일들이 자동으로˚ 당신께 보내질 거예요.	
15	한 통의 편지가 the교장선생님께 보내졌다.	
16	이건 내일 the서비스센터로 보내질 거예요.	
17	이런 신호들은 당신의 뇌로 보내집니다.	
18	걔네들은 the감옥에 보내져야 해. (be brought)	be **brought** to
19	그의 몸은 그의 고국으로 데려와졌다.	
20	그녀는 한 남자에 의해 the파출소로 데려가졌다.	

보상	reward	굶주린	starving	감옥	prison, jail
대중	the public	자동으로	automatically	고국	homeland
상상	imagination	교장	principal	파출소	police station
판단	judgment	신호	signal		
무료로	for free	뇌	brain		

MEMO

5 5형식 문장 : ~에게 ~하라고 / ~를 ~라고

5형식 문장은 [주어 + 동사] 뒤에 [목적어^O + 목적격보어^{OC}]가 따라오는 문장입니다.

2형식 문장의 주격보어는 주어의 상태를 표현했었지요. 5형식 문장의 목적격보어는 목적어의 상태나 동작을 표현합니다.

5형식 문장을 활용할 때 가장 중요한 점은 **목적격보어**(Objective Complement : OC)의 형태입니다.

왜냐하면, **5형식 동사는 목적격보어의 형태에 따라 분류**할 수 있기 때문이지요.

1	부정사를 보어로 사용하는 5형식 동사	S+V+O+ **to~**^{OC}

> 5형식 동사의 목적격보어는 기본적으로 부정사의 형태입니다.
> 목적어에게 어떤 동작을 요구하는 5형식 동사들은 목적어가 해야 할 행위를 [**to+동사**]로 표현하는 것이지요.
> 이 동사들은 반드시 부정사를 사용해야 하기 때문에 'to be'가 오더라도 'to be'를 생략하지 않습니다.

[O에게, O가] [~하라고, ~하게] ~하다

주어	목적어	목적격보어	5형식 동사
	나한테	거기에 가라고	했다.
	우리에게	널 도와주라고	부탁했다.
그는	너희가	행복하길	원했다.
	철수에게	웃지 말라고	경고했다.
	학생들이	슬퍼하지 않기를	원했다.

S+V + [O] + [to~]

주어	5형식 동사	목적어	목적격보어
	told	**me**	to go there.
	asked	**us**	to help you.
He	wanted	**you**	to be happy.
	warned	**Chulsu**	**not** to laugh.
	wanted	**the students**	**not** to be sad.

2	명사, 형용사, 분사를 보어로 사용하는 5형식 동사	S+V+O+ 명사^{OC}, 형용사^{OC}, 현재분사^{OC}, 과거분사^{OC}

> 목적격 보어를 부정사로 표현할 경우 부정사가 'to be'의 형태인 경우가 생기게 됩니다.
> 이때 'to be'를 생략하는 5형식 동사들이 있습니다.
> 'to be'가 생략되면 뒤에 남게 되는 [**명사, 형용사, 현재분사, 과거분사**]가 목적어의 보어 역할을 담당하는 것이지요.

[O를, O가] [~로, ~라고, ~것을] ~하다

주어	목적어	목적격보어	5형식 동사
	그를	좋은 친구로	생각한다.
나는	그것을	더 좋게	만들었다.
	그녀가	혼자 울고 있는 것을	보았다.
	문이	닫힌 것을	발견했다.

S+V + [O] + [명사, 형용사, 현재분사, 과거분사]

주어	5형식 동사	목적어	목적격보어 : (to be)생략
	think	**him**	a good friend.
I	made	**it**	better.
	saw	**her**	crying **alone**.
	found	**the door**	closed.

3	동사원형을 보어로 사용하는 5형식 동사	S+V+**O**+ 동사원형^{OC}

5형식 동사 중 사역동사라고 불리는 '**make, let**'과 지각동사라고 불리는 '**see, watch, look at, observe, hear, overhear, feel, notice**' 는 '**to be**'는 반드시 생략해야 하고 또 부정사^(to~)에서 '**to**'를 **생략한** 동사원형을 보어로 사용할 수 있습니다.
이 동사들은 동사원형을 사용할 수 있다는 점에서 특이한 것이지요. 물론 경우에 따라 명사, 형용사, 분사를 사용할 수 있습니다.

[**O**를, **O**가] [~하게] ~하다.			
주어	목적어	목적격보어	5형식 동사
누가	널	울게	했니?
	제가	집에 가게	해 주세요.
난	네가	웃는 걸	봤다.

S+V+[**O**]+[동사원형]			
주어	5형식 동사	목적어	목적격보어
Who	made	you	cry?
	Let	me	go home.
I	saw	you	laugh.

5형식 동사의 종류

1	**O** + **to~**
tell	말하다, 시키다
ask	요청, 부탁하다
beg	간청, 애원하다. 빌다
advise	충고하다
persuade	설득하다
encourage	격려, 권장, 용기를 주다
teach	가르치다
expect	기대, 예상하다
warn	경고하다
push	몰아붙이다, 떠밀다, 다그치다
order	명령, 지시하다, 시키다
force	강요하다
allow	허락, 허용하다
forbid	금지하다
enable	할 수 있게 해 주다
want	원하다, 바라다

2	**O** + 명사, 형용사, 분사	
think, consider		생각하다, 여기다
find		발견하다, 알게 되다
name		이름 짓다
call		부르다, ~라고 하다
paint		색칠하다
cut		자르다
keep	(상태로)	유지하다, 두다
leave	(상태로)	(내버려) 두다
make		~게 하다, ~로 만들다
see, look at		보다
watch		(지켜)보다
observe		목격, 관찰하다
hear		듣다
overhear		우연히 듣다, 엿듣다
feel		느끼다
notice		알아차리다

3	**O** + 동사원형
사역동사	
let	~하게 하다/해주다
make	~하게 하다/만들다
지각동사	
see, look at	보다
watch	(지켜)보다
observe	목격, 관찰하다
hear	듣다
overhear	우연히 듣다, 엿듣다
feel	느끼다
notice	알아차리다

한국어는 목적어와 목적격보어의 순서가 얼마든지 달라질 수 있지요. (조사 덕분에)
또, 목적어는 목적격조사(~을,를) 주격조사(~이,가) 또는 '~에게, ~한테' 등으로 표시됩니다.
하지만 영어의 5형식 문장은 반드시 목적어+목적격보어의 순서로 써 주어야 합니다.

| 그녀가 가라고 내게 말했다. | She told me to go. | (O) |
| 그녀가 내게 가라고 말했다. | She told to go me. | (X) |

1	내가 너보고^O 서두르라고^C 했잖아.	I told you to hurry.
2	엄마는 늘 내게^O 게으름 피우지 말라고^C 하셔.	
3	나한테^O 널 도와달라고^C 부탁하지 마.	
4	그에게^O 여기다 주차하지 말라고^C 부탁해.	
5	널 용서해 달라고^{OC} 나한테^O 빌 필요 없다.	
6	그녀에게^O $_{the}$다이어트를 멈추라고^C 충고해.	
7	내가^O $_{my}$마음을 바꾸도록^C 설득하려 애쓰지 마.	
8	우린 학생들이^O 좋은 책을 읽도록^C 권장해요.	
9	내게^O $_{the}$기타 치는 걸^C 가르쳐 줘.	
10	난 네가^O 돌아올 거라^C 기대하지 않았어.	

11	넌 내가^O 그걸 믿을 거라^C 예상(기대)했어?	
12	그런 식으로 웃지 말라고^C 그에게^O 경고했다.	
13	엄마는 운동하라고^C 날^O 떠밀어.	
14	$_{your}$애한테^O 공부하라고^C 다그치지 마세요.	
15	그는 $_{his}$개한테^O 앉으라고^C 지시했다.	
16	난 네게^O 날 따라오라고^C 강요하지 않았어.	
17	엄마는 내가^O 외박하는 걸^C 절대 허락 안 하셔.	
18	아빠가 내게^O $_{my}$휴대폰 쓰는 걸^C 금지하셨어.	
19	그것은 우리가^O 행복을 느낄 수 있게^C 해줘.	
20	난 네가^O 날 이해해 주길^C 원해. (했으면 해.)	

| 게으름 피우다 | be lazy | 운동하다 | do exercise | 금지하다 | forbid-forbade-forbidden |
| 주차하다 | park-ed | 외박하다 | sleep out | 행복 | happiness |

1 넌 내가° 거짓말 하길^C 원하는 거야?

2 _{my}부모님은 내가° 이 대학에 들어가길^C 원하셔.

3 **무엇이** _{the}새들에게° _{the} 길을 찾도록^C 해 주나?

4 **왜** 그들은 우리가° 머리 기르는 걸^C 금지하지?

5 그냥 _{your}마음이° 자유롭게 흘러가게^C 허락해.

6 그들에게° 복종하도록^C 강요하지는 마세요.

7 넌 내게° 떠나라고^C 명령할 수 없어.

8 너 스스로를° 더 부지런하도록^C 몰아붙여.

9 그들이° 더 열심히 노력하게^C 다그쳐 봐.

10 난 몇 번 너한테° 늦지 말라고^C 경고했었다.^(완료)

11 난 네가° 실패할 거라^C 예상하지 않았다.

12 **누가** 너한테° 요리하는 걸^C 가르쳐 줬니?

13 아이들을° 이기적이도록^C 부추기지 마세요.

14 _{your}부모님들이° 이걸 허락하도록^C 설득해 봐.

15 그녀는 내게° 인내심을 가지라고^C 충고했다.

16 내가 너한테° 그만하라고^C 간청하고 있잖아.

17 난 당신에게° 날 떠나지 말라고^C 애원했어요.

18 그는 나에게° 그 대신 그걸 하라고^C 부탁했다.

19 **누가** 너한테° 여기 머무르라고^C 했어?

20 그에게° 그만 먹으라고^C 해.

~에 들어가다	enter-ed	부지런하다	be diligent
대학교	university	노력하다	try-ied
길	way	더 열심히	harder
머리 기르다	grow hair	이기적이다	be selfish
복종하다	obey-ied	인내심을 가지다	be patient

8
~
15

보어로 부정사를 사용하는 5형식 동사는 **'to be'**를 생략하지 않습니다.

난 네가 친절하길 원해.	I want you **to be** kind.
이것이 우릴 살아있게 해 줘.	It enables us **to be** alive.
이게 쉬울 거라 기대하지 마.	Don't expect it **to be** easy.

1   엄마가 나더러^O 몇 번이나 _{the}방을 치우라고^C 했지만, 난 그걸 못 들은 척하면서 움직이지 않았다.

_____

2   나한테_(at) 인상을 쓰면서, _{my}형이 소리쳤다. "내가 너한테^O 내 물건들 건드리지 말라고^C 했지!"

_____

3   철수가 내 귀에 대고_(in) 속삭였다. "넌 걔네들한테^O 조용히 해 달라고^C 말해도 돼. 여긴 _a도서관이야." (여긴 ~다. : This is ~)

_____

4   난 그_가 말하고 있는 **것**을 알아들을 수 없어서, 난 그에게^O 약간 더 천천히 말해 달라고^C 부탁했다.

_____

5   네_가 밖에 나가기 싫으면, 수민이한테^O 여기 오는 _{her}길에 우유 좀 사오라고^C 부탁해봐. (여기 오는 길에 : on one's way here)

_____

6   너무 부끄러워서, 난 그 녀석에게^O 그가 거기서 본 것을 다른 친구들한테 말하지 말아 달라고^C 부탁했다. 하지만...

_____

7   (it) 밖이 너무 어두워서, 난 _{my}형한테^O 나랑 같이 _{the}화장실에 가달라고^C 간청해야 했다.

_____

몇 번이나	several times	조용히 하다	be quiet
방 치우다	tidy the room	알아듣지 못하다	can't follow
인상 쓰다	frown-ed	더 천천히	slower
속삭이다	whisper-ed	여기 오는 길에	on one's way here

8 ₜₕₑ붕어의 눈이 ₜₕₑ어부에게ᵒ 자기를₍ᵢₜ₎ 죽이지 말라고ᶜ 간청하는 것 같았지. 그래서, 그는 ₜₕₑ물속으로 그걸 던졌어.

9 다음날 아침, 그 이상한 할아버지는 나에게ᵒ 가능한 일찍 그 마을을 떠나라고ᶜ 충고했다.

10 너한테ᵒ 학교 마치고˙ 저 녀석들과 어울려 다니지 말라고ᶜ 충고하고 싶구나.

11 난 몇 번이나 그가ᵒ ₕᵢₛ마음을 바꾸도록ᶜ 설득하려고 노력해 봤지만, 그건 소용이 없었다.

12 사람들에게ᵒ ₜₕₑᵢᵣ자동차 대신 대중교통을 이용하도록ᶜ 설득하는 것이⁽ᵗᵒ~⁾ 더 중요합니다.

13 내가˙ 그 대회를 막 포기하려 했을 때, 그 선생님의 따뜻한 말이 내가ᵒ 그것을 계속하도록ᶜ 용기를 줬다.

14 이런 종류의 음악은 쇼핑하는 사람들에게ᵒ 더 많이₍ₘₒᵣₑ₎ 사도록ᶜ 부추기기 위해 이용되지요.

붕어	carp	대중교통	public transportation	쇼핑하는 사람	shopper
어부	fisherman	대회	contest		
~와 어울려 다니다	hang around with ~	따뜻한	warm		
소용없다	be useless	계속하다	continue-d		

5형식 문장 : 목적어 + to~

15 손님들이 돌아간 후에, my아버지는 "내가 너한테ᵒ 그렇게 행동하라고ᶜ 가르치더냐?"라고 내게 말씀하셨다.

16 여러분은 your아이들이ᵒ 그들 스스로 생각하고 판단하도록ᶜ 가르치려고 노력하는 편이 좋아요.

17 그가ᵒ 밤사이에 ₐ새로운 사람이 될 거라고ᶜ 기대해서는 안됩니다. 그에게 시간을 주고 기다리세요.

18 난 내가 그 선생님께서ᵒ 내 이름을 기억할 거라고ᶜ 기대하지 않았기 때문에 약간 놀랐다.

19 나 역시 내가 잘못했다는 건 알지만, 난 my아버지께서ᵒ 나한테* 그렇게 화낼 거라고는ᶜ 예상 못했어.

20 the자연은 우리에게ᵒ the지구의(of) the주인처럼 행동하지 말라고ᶜ 경고하고 있다. 우린 그저 그것의 한 부분일 뿐이다.

21 the선생님은 우리에게ᵒ 휴대폰들을 끄라고ᶜ 그리고 the수업 중에는 그것들을 만지지 말라고ᶜ 경고하셨다.

손님	visitor	그들 스스로	by themselves
행동하다	behave-d	밤사이에	overnight
그렇게	like that	잘못하다	be wrong
판단하다	decide-d	주인	owner

22 학생들에게^O 학교에서 나쁜 말들을 쓰지 말라고^C 경고하는 건^(to~) 소용없어 보입니다.

23 다행히 제 부모님은 저에게^O 집에서조차 공부하라고^C 몰아붙이진 않으셨어요.

24 누구도 너보고^O ₐ의사나 ₐ판사가 되라고^C 떠밀지 않아. 하지만 너도 네 미래에 대해서 생각해 봐야 해.

25 당신의 유닛들에게^O 공격하라고^C 지시하려면, 버튼 A를 누른 상태로_(while) ₐ타깃을 클릭하세요.

26 난 _{the}차창 밖으로 그 티슈를 던져버렸다. 잠시 후, ₐ경찰차가 우리 뒤에서 우리에게^O _{the}차를 세우라고^C 지시했다.

27 우리는 우리가 누군가에게^O ₐ특정 종교를 믿으라고^C 강요해서는 안 된다고 배웁니다_(be taught). (종교를 믿다. : believe in religion)

28 _{my}형은 내 팔을 뒤로_(back) 꺾은 채로, 내게^O 항복하라고^C 강요했다. 그건 정말 아팠고, 난 비명을 질렀다.

나쁜 말	bad language	공격하다	attack-ed	티슈	tissue	꺾다	twist-ed
판사	judge	누르다	press-ed	특정	particular	아프다	hurt-hurt / be painful
미래	future	버튼	button	종교	religion	비명 지르다	scream-ed
유닛	unit	타깃	target	항복하다	yield-ed		

5형식 문장 : 목적어 + to~

29 TV를 보거나 컴퓨터 게임을 하는 것^(~ing)은 우리의 상상력이^O 긍정적인 방향으로_(in) 뻗어가도록^C 허용하지 않습니다.

30 선생님들은 학생들이^O 수업 중에[*] 자유롭게 그들의 생각을 표현할 수 있도록^C 허락할 수 있어야 합니다.

31 _{my}아버지는 집에서[*] 가족과[*] 대화하는 동안 내가^O _{my}휴대폰을 들고 있는 걸^C 금지하셨다.

32 다양한 경험들이 우리가^O 우리의 잠재력을 깨달을 수 있게^C 해 줄 수 있어요.

33 우리의 기본적인 양심이 우리가^O 서로를 신뢰하고 함께 살아갈^C 수 있게 해 주지요. _{the}법은 늘 _{its}한계가 있어요.

34 내가^O 나중에 널 깨워주길^C 바라니? -- 응, 난 네가^O 30분 후에 날 깨워줬으면^C 해.

35 그들이 _a특정한 나이에 도달할 때, 대부분의 학생들은 _{their}부모나 선생님들이^O 그들의 사생활에 간섭하는 걸^C 원치 않아요.

상상력	imagination	들고 있다	carry-carried	기본적인	basic
뻗어가다	spread-spread	대화하다	talk-ed	양심	conscience
긍정적인	positive	다양한	diverse	신뢰하다	trust-ed
방향	direction	경험	experience	법	law
표현하다	express-ed	잠재력	potential	한계	limits

~를 깨우다	wake ~ up
도달하다	reach-ed
특정한	certain
~에 간섭하다	interfere in ~
사생활	privacy

1	그는 날 _a코흘리개로^c 생각하는 것 같았다.
2	난 네가^o 나보다 더 용감하다고^c 생각했어.
3	우린 그를^o _a대단한 사람으로^c 여기지 않아.
4	넌 그게^o 꽤 흥미롭다는 걸^c 알게 될 거야.
5	난 그가^o _a소심한 애라는 걸^c 알게 됐지.
6	난 그녀가^o _a책을 읽고 있는 걸^c 발견했다.
7	우린 _{the}강아지를^o 대박이라고^c 이름 지었다.
8	날^o _a거짓말쟁이라고^c 부르지 마.
9	우린 저런 종류의 사람을^o 진상이라고^c 해.
10	그들은 그 긴 담장을^o 하얗게^c 색칠했다.

11	_{the}배경을^o 갈색으로^c 칠하는 게 어떨까?
12	네 머리를^o 조금 더 짧게^c 잘라봐.
13	_{your}몸을^o 따뜻하게^c 유지해주세요.
14	_{your}가슴을^o 활짝 열려있게^c 유지해.
15	_{your}눈을^o 이것에_(on) 고정된 상태로^c 유지해.
16	**무엇이** _{the}지구를^o 자전하고 있게^c 유지할까?
17	_{the}창문을^o 열려있게^c 둬.
18	저를^o 혼자^c 내버려 두세요.
19	걔네들은^o 밖에서 놀고 있게^c 내버려 둬.
20	_{the}불을^o 켜^c 둬. (켜진 채로 둬.)

코흘리개	little kid	활짝 열린	wide open
소심한	timid	고정된	fixed
담장	wall	자전하다	spin-spun
배경	background	켜진 / 꺼진	on / off

'make'는 목적어를 '~게 하다, ~로 만들다'의 의미를 표현하며 'to be / to'를 생략한 '명사, 형용사, 과거분사, 동사원형'을 목적격 보어로 사용합니다.

'make'는 매우 자주 사용되는 5형식 동사이므로 잘 익혀두면 쓸모가 많습니다.

'let'은 동사원형만을 보어로 사용하며, 목적어가 '**~을 하게 놓아두다, 허락하다**'의 의미로 사용합니다.

make + O + 명사, 형용사, 과거분사

1. 내가 널º ₐ슈퍼스타로ᶜ 만들어 주마.

2. 그게 널º ₐₙ더 나은 사람으로ᶜ 만들어 줄까?

3. **무엇이** 그를º 저런 ₐ괴물로ᶜ 만들었을까?⁽완료⁾

4. 어떤 것도 그녀를º 행복하게ᶜ 할 수 없었다.

5. 사랑이 이 세상을º 훨씬 더 가치 있게ᶜ 한다.

6. 음악은 ₐ영화를º 완벽하게ᶜ 합니다.

7. 그의 말이 날º 더 짜증나게ᶜ 했어.

8. 넌 항상 날º 피곤하게ᶜ 해.

make + O + 동사원형

9. 그녀는 항상 날º 웃게ᶜ 해.

10. 이게 널º 달라보이게ᶜ 해 줄 거야.

11. **무엇이** 그가º ₕᵢₛ마음을 바꾸게ᶜ 했을까?

12. 내게º 네가 하기 싫은 **걸** 하게ᶜ 하지 마.

let + O + 동사원형

13. 저를º 집에 가게 해ᶜ 주세요. (보내 주세요.)

14. 네 마음이º 자유롭게 흐르도록ᶜ 놓아 둬.

15. ₜₕₑ스마트폰이º 너의 족쇄가 되게ᶜ 하지 마.

16. 내가º ₜₕₑ계획이 뭔지 알게ᶜ 해 줘. (알려줘)

더 나은	better	완벽한	perfect
바보	idiot	짜증난	irritated
저런~	such	족쇄	fetters
가치있는	valuable		

PRACTICE   지각동사 + 목적어 + 현재분사, 동사원형

> **지각동사** 'see, look at, watch, observe, hear, overhear, feel, notice'는 'to be / to'를 생략한 현재분사 또는 동사원형을 보어로 사용합니다.
> 그리고 보어로 사용되는 현재분사와 동사원형의 의미는 크게 다르지 않지만 편의상 '~하고 있는 것을'과 '~하는 것을'로 구분하도록 하겠습니다.
> 특히 사역동사(make, let)와 함께 동사원형을 보어로 사용할 수 있다는 점에서 특이한 5형식 동사입니다.

O + 현재분사(~하고 있는 것을)

1. 난 네가° 거기서 걸어가고 있는 걸ᶜ 봤어.

2. 난 개미들이° 농구하고 있는 걸ᶜ 봤다.

3. ₜₕₑ하늘이° ᵢₜₛ색을 바꾸고 있는 걸ᶜ 지켜봐.

4. 난 ₜₕₑ불이° 춤추고 있는 걸ᶜ 지켜봤다.

5. 난 ₐ거미가° ₐ집을 짓고 있는 걸ᶜ 관찰했지.

6. 난 누군가° ₜₕₑ문을 열고 있는 걸ᶜ 들었다.

7. 난 그들이° 다투고 있는 걸ᶜ 우연히 들었다.

8. 우린 ₜₕₑ건물이° 흔들리고 있는 걸ᶜ 느꼈지.

9. 난 누군가° 거기 숨어있는 걸ᶜ 알아차렸다.

10. 그녀의 손이° 떨리고 있는 걸ᶜ 알아차렸어?

O + 동사원형(~하는 것을)

11. 난 네가° 하품하는 걸ᶜ 봤거든.

12. 우린 ₜₕₑ해가° 뜨는 걸ᶜ 지켜보고 있었어.

13. 그녀는 ₐ트럭이° 그를 치는 걸ᶜ 목격했지.

14. 난 순이가° 잠꼬대하는 걸ᶜ 들었어.

15. 난 그가° 네게₍ₐₜ₎ 욕하는 걸ᶜ 우연히 들었어.

16. 난 ₘy몸이° ₜₕₑ공중에 떠오르는 걸ᶜ 느꼈다.

17. 순이는 누가° 그녀를 따라오는 걸ᶜ 알아챘다.

(거미) 집 짓다	spin a web	(해) 뜨다	rise-rose-risen	떠오르다	float-ed
다투다	argue-d	(차로) 치다	hit-hit	공중에	in the air
흔들/떨리다	tremble-d	잠꼬대하다	talk in one's sleep		
하품하다	yawn-ed	욕하다	swear-swore-sworn		

1 너 날 ₐ바보 멍청이로ᶜ 생각하는 거야? 이런 식으로 날 속이려고 하지 마. 그냥 네가 생각하고 있는 **걸** 내게 말해줘.

2 사람들이 이걸 보면, 그들은 한글이º 이 세상에서 ₜₕₑ가장 아름다운 글자라고ᶜ 생각할 거야.

3 네가 그 녀석을 계속 피한다면, 그 녀석은 너를º ₐ겁쟁이라고ᶜ 생각할지도 몰라. 그냥 맞서서 싸워.

4 그들이 더 이상 그를º ₜₕₑᵢᵣ친구로ᶜ 여기지 않을 것이 두려워서, 그는 그의 거짓말들을 숨기려고 ₐ이야기를 꾸며내야 했어.

5 **왜** 너는 너 자신을º 다른 사람들과 다르다고ᶜ 여기는 거야? -- **왜** 내가 너와 ₜₕₑ같아야 하는 건데?

6 사람들은 그 새로운 방식이º 훨씬 더 편리하다는 것을ᶜ 발견했다. 곧, 그들은 그것에 익숙하게 되었다.

7 난 네가º 그녀와 이야기 해보라고ᶜ 말해주고 싶어. 넌 그녀가º ₐ좋은 사람이라는 걸ᶜ 알게 될 거야.

바보 멍청이	stupid idiot	맞서다	stand up	편리한	convenient
속이다	deceive-d	꾸며내다	make up	~에 익숙해지다	get used to ~
글자	alphabet	~와 다른	different from ~		
겁쟁이	coward	방식	way / method		

8 충분히 운이 좋다면, 우린 ₐ사슴벌레들이⁰ ₐ나무 위에서 수액을 먹고 있는 걸ᶜ 발견할 수 있을지도 몰라.

9 그 꼬마는 his새 신발이⁰ the물감으로 얼룩진 걸ᶜ 발견하고는 막 울려고 했다. 너무 당황스러워서, 난 **뭘** 해야 할지 몰랐다.

10 우리가 집에 가려고 일어섰을 때, 난 수민이가⁰ 내 말에˙ 약간 삐친 것을ᶜ 알게 됐다.

11 몇 달 동안이나˙ my부모님께⁰ 강아지 한 마리 사자고ᶜ 조른 후, 난 하나를 얻어 냈고 그걸⁰ 똘똘이라고ᶜ 이름 지었다.

12 저희 증조할아버지께서는 그가˙ his손자가⁰ 오래 살길ᶜ 바라셨기 때문에 my아버지를⁰ 장수라고ᶜ 이름 지으셨어요.

13 난 그가˙ 날⁰ 꼬맹이라고ᶜ 부를 때마다˙ 화가 났음에도, 난 그에게⁰ 그런 식으로 날 부르지 말라고ᶜ 말하지 못했어.

14 그를⁰ 뭐라고ᶜ 부를지 몰라서, 난 그에게 말 걸기를 망설였다. 하지만, our눈이 마주치자(when), 그가 말했다. "친구하자."

사슴벌레	stag beetles	삐치다	be sulky	꼬맹이	shorty
수액	sap	조르다	beg-ged	~에게 말 걸다	talk to ~
~로 얼룩진	stained with ~	얻어내다	get-got-gotten	눈이 마주치다	eyes meet
당황스럽다	be embarrased	증조할아버지	grand-grandfather	친구하자	Let's be friends

15 **왜** 사람들이 널^O 이기적이라고^C 하는지$^{(call)}$ 모르겠니? 난 네게^O 남을 탓하지 말고^C 자신을 돌아보라고^C 충고하고 싶어.

(~하지 말고 ~하다. : not ~, but ~)

16 그 올빼미에게* 들키지 않으려고, 그는 그의 몸을^O 숯과 먹으로* 머리부터 발끝까지 새까맣게^C 칠하기 시작했지.

17 그 위에* 무언가를 그리기 위해서, 우리는 먼저 $_{the}$벽을^O 하얗게^C 색칠해야 합니다.

18 $_{the}$미용사가 $_{my}$머릴^O 너무 짧게^C 잘라버렸어. 내가 $_a$해병대야 뭐야? - 그녀에게^O 머리를$_{(it)}$ 짧게 깎지 말라고^C 말 안 했어?

(~야 뭐야? : ~ or what?)

19 네가 $_{your}$손톱을^O 너무 짧게^C 깎으면, 넌 그것들이$_{(they)}$ 다시 자랄 때까지 $_{the}$고통을 느껴야 한다.

20 네가 자고 있는 동안 네 발을^O 따뜻하게^C 유지하는 게$^{(to~)}$ 좋아.

21 난 그를^O 밖에서 기다리고 있게^C 둘 수 없어서, 난 그에게^O 들어와서^C 집 안에서 기다리게^C 했다.

이기적인	selfish	들키다	be seen	먹	black ink	손톱	nails
탓하다	blame-d	올빼미	owl	벽	wall	고통	pain
남	others	발끝	toe	미용사	hairdresser		
돌아보다	see around	숯	charcoal	해병대	marine		

22 만약 당신이 진정한 행복을 원하신다면, 어떤 것도 당신을^O 영원히 만족한 채로^C 유지할 수 없다는 걸 기억하세요.

23 지난밤에, _{my} 형이 _{the}창문을^O 열어^C 두어서 모기들이 안으로 들어와서 밤새도록 우리 피를 즐겼다. (so that)

24 이상하게도, 엄마는 아무 것도_(anything) 말하지 않고* 몇 시간 동안 내가^O 게임하고 있게^C 내버려 두셨다.

25 가끔 당신은 그들이 그들 스스로 생각하고 결정할 수 있도록 당신의 자녀들을^O 혼자^C 내버려 둘 필요가 있습니다.

26 **무엇이** 이 세상을^O 이토록 아름답게^C 만들까? -- 그건 바로_(just) 너의 아름다운 마음이란다.

27 그 검은 그림자가 속삭였다. "네 영혼을 내게 다오. 그러면 널^O _{the}세상에서 _{the}가장 부유한 사람으로^C 만들어 주마."

28 만약 내가 모든 살아있는 것들을^O 모든 _{their}괴로움들로부터 자유롭게^C 할 수 있다면, 난 그들을 위해 내 목숨을 기꺼이 주겠다.

진정한	true	밤새도록	all night	살아있는	living
행복	happiness	그림자	shadow	괴로움	suffering
영원히	forever	속삭이다	whisper-ed		
모기	mosquito	영혼	soul		

29 이 영화는 우리가[O] the가족이 **얼마나** 중요하고 소중한 지를 깨닫게[C] 해 줄 거예요.

30 일단 하나의 욕구가 충족되면, 또 다른 욕구가 our마음속에 즉시 생겨나고 그것이 다시 우리를[O] 불만족스럽게 느끼도록[C] 만들지요.

31 어느 날, a한적한 시골길을 따라 걷다가, 그는 참새들이[O] the공중에서 a매를 쫓아내고 있는 걸[C] 봤지.

32 the아이들이[O] 해질녘에 학원버스들을 기다리고 있는 걸[C] 보면서, 그녀는 a깊은 슬픔을 느꼈다.

33 her손에 사진 한 장을 든 채로, a어린 소녀가 the창문을 통해 나뭇잎들이[O] 떨어지고 있는 걸[C] 지켜보고 있었다.

34 the모래성이[O] 파도에 씻겨가고 있는 걸[C] 보렴. 시간은 the파도와 같단다. 시간은 모든 것을 지워버리지.

35 나는 an개미집을 발견했고 한참 동안 거기서 개미들이[O] the구멍들을 들락거리는 것을[C] 관찰했다. (~을 들락거리다. : go in and out of ~)

소중한	valuable	한적한	quiet	슬픔	saddness	모래성	sandcastle
욕구	desire	시골길	country road	학원버스	institute bus	씻겨가다	be washed away
충족된/불만족스러운	satisfied / unsatisfied	참새	sparrow	해질녘	dusk	지우다	remove-d
생겨나다	arise-arose-arisen	쫓아내다	drive away	들다	hold-held	개미집	ants' nest
즉시	immediately	매	hawk	떨어지다	fall down	구멍	hole

36 난 내가 걔네가^O 철수를 '멍청이'라고 부르는 것을^C 들었을 때 화가 났다. 난 걔들이^O 너무 비열하다고^C 생각했다.

37 내가 6년 동안 순이와 함께였음에도^(완료), 나는 그녀가^O 다른 이들을 나쁘게 말하는 걸^C 본 적이 없다.^(완료)

38 the바위 뒤에서, 그 나무꾼은 the도깨비들이^O 그 부자 영감의 the외동 딸에 대해 이야기하고 있는 걸^C 엿들었지.

39 난 늘 **왜** 우린 the지구가^O 돌고 있는 걸^C 느낄 수 없는지 궁금했어. 오늘, 드디어, 그 이유를 알았어.

40 순이가 그가 말하는 대로_(as) 했을 때, 순이는 her몸이^O a깃털 만큼 가벼워지더니^C the공중에 떠오르는 것을^C 느꼈다.

41 난 내가 엄마가^O 내 방 안으로 들어오고 있는 것을^C 알아채지 못할 정도로* 그렇게 그 게임에 빠져 있었다. (너무 빠져있어 알아채지 못했다.)

42 그녀가 the사과를 씻으려고* the개울로 걸어 갔을 때, 그녀는 무엇인가가^O the물 속에서 어른거리고 있는 걸^C 알아차렸다.

멍청이	idiot	궁금하다	wonder-ed	~에 빠져 있다	be absorbed in ~
함께다	be with	돌다	spin-spun	개울	stream
~를 나쁘게 말하다	speak ill of ~	깃털	feather	어른거리다	shimmer-ed
도깨비	goblin	떠오르다	float-ed		
외동 딸	only daugther	공중에	in the air		

6 5형식 문장의 수동태

5형식 문장이 수동태가 되면 목적어°가 주어가 되고, 5형식 동사는 '~되다. ~지다.'의 의미를 표현하기 위해서 'be PP'의 형태가 되겠지요.
그리고 목적격보어ᵒᶜ가 'be PP'뒤에 따라오게 됩니다.

우리는 여기서 자주 사용되며 우리말로 쉽게 이해되는 5형식 수동태 몇 가지를 익혀 두도록 하겠습니다.

be PP + to ~	
be told to ~	~하라고 듣다
be asked to ~	~하라고 요청받다
be advised to ~	~하라고 충고 받다
be persuaded to ~	~하라고 설득 당하다
be encouraged to ~	~하도록 격려, 부추겨지다
be taught to ~	~하도록, 하라고 배우다
be expected to ~	~할 거라 예상, 기대되다
be warned to ~	~하라고 경고받다
be ordered to ~	~하라고 명령, 지시 받다
be forced to ~	~하라고 강요받다
be allowed to ~	~하도록 허락받다
be forbidden to ~	~하는 것이 금지되다

be PP + 명사, 형용사, 분사	
be named + 명사	~로 이름 지어지다
be called + 명사	~라고 불리다
be painted + 색	~로 칠해지다
be kept + 명사, 형용사	~하게(채로) 유지되다
be left + 명사, 형용사	~하게(채로) 남겨지다

be PP + to~

1	난 the중요한 부분들을 밑줄 치라고^C 들었다.
2	난 현금을 가져오지 말라고^C 들었는데.
3	the사람들은 **무엇을** 하라고^C 들었나?(완료)
4	그녀는 용산역에서 내리라고^C 들었다.
5	난 너랑 이야기해 보라고^C 요청(부탁)받았어.
6	우리는 들어오지 말라고^C 부탁받았어.
7	난 그녀 대신 노래하라고^C 요청받았지.
8	그는 기름진 음식을 피하라고^C 충고 받았다.
9	넌 과식하지 말라고^C 충고 받을 거야.
10	난 나만의 스타일을 찾으라고^C 충고 받았다.

11	난 the글쓰기 대회에 나가도록^C 설득 당했지.
12	그는 그걸 받아들이라고^C 설득 당하고 있다.
13	우린 그것을 반대하지 말라고^C 설득 당했다.
14	우린 자원봉사하도록^C 권유받고 있습니다.
15	학생들은 their생각을 표현하도록^C 격려돼야 해.
16	넌 네 맘을 컨트롤하는 걸^C 배워야 해.
17	우린 our선생님들께 말대꾸하지 말라고^C 배우지.
18	the아기 새들은 나는 걸^C 배우고 있어.
19	비는 the주말 동안 계속될 걸로^C 예상됩니다.
20	**얼마나 많은 사람들이** 올 걸로^C 예상됩니까?

밑줄 치다	underline-d	기름진	fatty	받아들이다	accept-ed	말대꾸하다	talk back
가져오다	carry-carried	과식하다	overeat-overate	반대하다	oppose-d	계속되다	continue-d
현금	cash	나만의	my own	자원봉사하다	volunteer-ed
내리다	get off	대회에 나가다	attend a contest	표현하다	express-ed

PRACTICE 5형식 문장의 수동태

be PP + to~

1. 시간 여행이 곧 가능할 것으로^C 기대된다.
2. 난 _aPC방 가지 말라고^C 경고받았어.
3. 우린 주의하라고^C 경고받았다.
4. _{my}폰을 _{the}박스 속에 넣으라고^C 지시 받았다.
5. 우린 _{the}텐트 밖으로 나가지 말라고^C 명령 받았어.
6. 넌 _{your}머리를 짧게 깎도록^C 강요받을 거야.
7. 우린 영어를 배우도록^C 강요받지요.
8. 누구도 여기서 담배 피우도록^C 허락되지 않아.
9. 너희는 _a수업 중에 _{your}폰 사용이^C 허락되니?
10. 난 외출하는 게^C 금지 당했어. ^(완료)

be PP + 명사, 형용사, 분사

11. 그 전함은 이순신호라고^C 이름 지어 졌다.
12. 그 애벌레는 옐로라고^C 이름 지어 졌다.
13. 그것은 인과라고^C 불립니다.
14. 그 힘은 중력이라고^C 불리지요.
15. 난 내˙가 어렸을 때 땅콩이라고^C 불렸지.
16. 그녀의 방은 연녹색으로^C 칠해져 있었다.
17. _{the}행주는 늘 깨끗하게^C 유지되어야 한다.
18. 그 문은 몇 년 동안 잠긴 채로^C 유지되었다.
19. 저는 집에 혼자^C 남겨지곤 했지요. (used to~)
20. 내˙가 도착했을 때, _{the}TV가 켜진 채^C였어.

시간 여행	time travel	애벌레	larva	연~색	light ~
주의하다	be careful	인과	cause and effect	행주	dishcloth
넣다	put-put	중력	gravity	잠긴	locked
전함	battle ship	땅콩	peanut	켜진	on

5형식 문장의 수동태

1 난 공부하라는 말을^C 듣는 데 신물이 난다. 내가 공부하려고 태어났나?

2 당신이 무엇인가에 대해 생각하지 말라는 말을^C 들으면, 그것에 대해 생각하는 걸 멈추기가^(to~) 더욱 어려워지지요.

3 순이는 그녀가 _{the}사람들에게 _{the}무대 위에서 노래 한 곡 불러보라고^C 요청받았을 때[*] 망설이질 않더라.

4 _{the}나무꾼은 그들이 적어도 세 명의 아이를 가질 때 까지는[*] _{the}선녀에게 _{the}날개옷을 보여주지 말라는^C 충고를 받았지.

5 일단 그녀와 이야기를 하면, 누구도 그녀가 원하는 **것**을 하도록^C 설득 당하는 걸 피할 수 없다.

6 현대인들은 모든 종류의 매체들을 통해 무엇인가를 소유하고 소비하길 원하도록^C 설득당하고 있지요.

7 (it) _a소위 다문화 시대니까, 아이들은 다른 문화들을 존중하도록^C 배워야 해요.

~에 신물 나다	be sick of ~	적어도	at least	매체들	media	문화	culture
무대	stage	현대인	modern people	소위, 이른바	so-called		
날개옷	celestial robe	소유하다	possess-ed	다문화 시대	multicultural age		
선녀	fairy	소비하다	consume-d	존중하다	respect-ed		

8 the두 한국(남한과 북한)은 이런 스포츠 이벤트들을 통해 their관계를 향상시킬 수 있을 것으로ᶜ 기대됩니다.

9 the병원에서 돌아오는 동안, 아버지는 my할머니께서 그리 오래 사실 것으로ᶜ 예상되지 않는다고 내게 말씀하셨다.

10 내가 몇 번이나 늦지 말라고ᶜ 경고를 받았었기 때문에⁽ᵍ²ᵃ⁾, 난 그녀의 얼굴을 보는 것이 두려웠다.

11 the비행사들은 그 UFO를 격추시키라고ᶜ 명령받았지만, the보호막은 미사일로 파괴하기에는 너무나 강력했다.

12 우린 예외 없이 영어를 배우도록ᶜ 강요받아요. 우리가 영어를 사용하는지 아닌지는 문제가 되지 않지요.

13 학생들이 학교에서 어떤 제약도 없이 자유롭게 their휴대폰을 사용하도록ᶜ 허용된다면 어떨까? (~라면 어떨까? : What if ~?)

14 시민들이 their자신의 정부에 의해 그들의 신념들을 표현하는 것이ᶜ 금지된다는 것은 옳지도 않고 비민주적이야.

향상시키다	improve-d	파괴하다	destroy-ed	제약	restriction	표현하다	express-ed
관계	relationship	강력하다	be powerful	옳지 않다	be unjust	신념	belief
격추시키다	shoot down	미사일	missile	비민주적이다	be undemocratic	~자신의	~ own
보호막	shield	예외	exception	시민	citizen	정부	government

15 그 아기 청둥오리는 그 암탉에 의해 '초록'이라고^C 이름 지어졌고, 그녀의 보살핌 아래서 길러졌지.

16 금성은 우리가 _{the}저녁이나 이른 아침에 그걸 볼 수 있기 때문에 _{the}저녁별 또는 샛별_(아침 별)이라고^C 불립니다.

17 그 산의 _{the}꼭대기에 거대한 바위가 하나 있었는데, 그것은 _{the}마을 사람들에게 '독수리 바위'라고^C 불렸지.

18 _{the}전설은 일단 그 용의 눈이 _{the}스님에 의해서 빨갛게^C 칠해 지자, 그것이 _a진짜 용_(one)이 되어 날아갔다고 말합니다.

19 _{the}토양은 _{the}식물들에게 충분한 습도를 공급하기 위해서 촉촉하게^C 유지되어야 한다.

20 네 마음이 열려^C지 있지 않다면_(열린 채로 유지되지 않으면), 심지어 _{the}가장 아름다운 시 조차도 네게 아름답게 들리지 않지.

21 _{the}상처가 치료되지 않은 채로^C 남겨지면, 그게 통증을 유발하면서 감염되고 곪을지도 몰라.

청둥오리	mallard	금성	Venus	날아가다	fly-flew away	습도	humidity	곪다	fester-ed
암탉	hen	마을 사람들	village people	토양	soil	상처	wound	유발하다	cause-d
길러지다	be raised	전설	legend	촉촉한	moist	치료되지 않은	untreated		
보살핌	care	스님	monk	공급하다	provide-d	감염되다	get infected		

Chapter

4

형용사 시리즈와
명사구

명사구와 형용사 시리즈

명사는 문장의 주어, 명사보어, 동사의 목적어, 전치사의 목적어라는 많은 기능을 담당합니다.

그리고 명사가 형용사의 수식을 받아 만들어진 명사구는 명사와 똑같은 기능을 담당하지요.

물론 명사절, 동명사, 부정사 역시 명사와 같은 기능을 담당하지만 명사구는 훨씬 더 자주 문장 속에 등장하게 됩니다.

왜 그럴까요? 명사구는 같은 명사가 들어간 두 문장을 한 문장으로 간단히 할 수 있는 방법이기 때문입니다.

내가 여섯 살 때 나는 진짜 이야기들이라고 불리는 원시림에 관한 책에서 멋진 사진 하나를 본 적이 있다. --어린 왕자

위의 문장 속에는 '진짜 이야기들이라고 불리는 **책**' '원시림에 관한 **책**' '멋진 **사진** 하나'라는 명사구가 들어 있습니다.

만약 명사구를 사용하지 않고 표현한다면 이런 문장이 되겠지요.

내가 여섯 살 때 나는 **책**에서 **사진** 하나를 본 적이 있다.
그 **사진**은 멋지다.
그 **책**은 원시림에 관한 것이다.
그 **책**은 진짜 이야기들이라고 불린다.

어떤가요? 명사구를 사용하지 않는다면 여러 문장을 써서 표현해야 하겠지요?

그래서 명사구를 마음대로 만들어 낼 수 있다면 훨씬 보기 좋게 여러 문장을 한 문장으로 표현해 낼 수 있는 것입니다.

그러면 명사구는 어떻게 만드는 것일까요?

한국어는 문장 속의 어떤 명사를 문장의 끝으로 보낸 다음 **종결어미(~다.)**를 형용사형 어미(~ㄴ)로 바꾸어 주면 끝입니다.

문장	명사를 문장 끝으로 이동	동사형어미 ➡ 형용사형어머(~ㄴ) : 명사구
그 **사진**은 멋지다.	멋지다. 그 **사진**	멋진 그 **사진**
그 **책**은 원시림에 관한 것이다.	원시림에 관한 것이다. 그 **책**	원시림에 관한 그 **책**
그 **책**은 진짜 이야기들이라고 불린다.	진짜 이야기들이라고 불린다. 그 **책**	진짜 이야기들이라고 불리는 그 **책**

역시 한국어의 어미는 참 편리합니다.

그리고 한 가지 기억해야 할 것은 명사구(noun-phrase)는 원래 문장(sentence)이었다는 사실입니다.

그러니까 하나의 명사구를 만들 수 있다는 이야기는 하나의 문장을 만들 수 있다는 의미인 것이지요.

영어의 명사구 역시 문장이 변해서 만들어진다는 점은 한국어와 다르지 않습니다.

하지만 통일된 형태의 어미가 없기 때문에 한국어의 명사구와는 다른 방법을 사용해야 하겠지요.

이제부터 우리는 영어의 형용사 시리즈를 마음대로 활용하여 멋진 명사구를 만들어 낼 수 있도록 공부해 보겠습니다.

한국어의 모든 형용사 시리즈는 명사를 앞에서 수식하지요.

하지만 영어의 형용사 시리즈는 형태에 따라 위치가 달라집니다.

즉, **단어** 형태는 앞에서, **구** 또는 **절**의 형태는 뒤에서 명사를 수식합니다.

결국 영어의 명사구는 옆의 모양들 중 하나가 되겠지요.

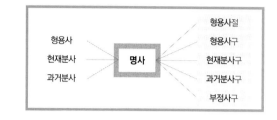

문장성분	품사	구	절	준동사	
MAP 주어	명사	명사구	명사절	동명사	부정사
동사	동사				
목적어	**1** 형용사	**2** 형용사구	**3** 형용사절	**4** 부정사구	**5** 분사(구)
보어	부사	부사구	부사절	부정사구	분사(구)

> 구와 절(형용사구, 형용사절, 분사구, 부정사구)은 **뒤에서** 명사를 수식합니다.

형용사, 현재분사, 과거분사는 앞에서 명사를 수식합니다.

1 형용사 + 명사

a very small bird

the angry bird

kind people

most wild flowers

Sumin's sad voice

5 분사 + 명사

all living things

the sleeping dog

the blowing wind

my broken leg

the hidden treasures

a closed mind

2 명사 + 형용사구

a bird on the roof

people in this world

devils from hell

a short film for you

butterfly with beautiful wings

importance of being honest

book about how to live

5 명사 + 분사구

people trying to help you

wind blowing from the mountain

the moon hidden by the clouds

dishes made of silver

a short story written by him

3 명사 + 형용사절

people who love me

animals which live in the forests

the pictures that I took on the trip

the day when I met the little prince

place where only good people can go

the reason why we have to love

the way that people think

4 명사 + 부정사구

someone to help me

books to read for the exam

time to think about this problem

reason to protect the nature

the best way to learn taekwondo

1 주격 관계대명사 : 주어가 수식 받는 명사구

한국어 문장은 **종결어미인 '~다.'**로 끝나지요. 즉, 모든 문장은 동사로 끝납니다.

따라서 문장 속의 명사를 문장 끝으로 옮기고   [**사람들**은 평화를 원한다.] [평화를 원한다. + **사람들**]

종결어미(~다.)를 **형용사형 어미(~ㄴ)**로 바꾸어 주면 문장을 명사구로 만들 수 있습니다. [평화를 원하는 + **사람들**]

즉, 수식 받는 명사를 제외한 문장의 나머지 부분이 명사를 수식하게 됩니다.

우리는 먼저 **문장의 주어가 수식 받는 명사구**를 만들어 보도록 하겠습니다.

문장 : ~다.	명사구 : [~ㄴ, ~의]+명사
그 **영감님**께서는 우리 옆집에 사신**다**.	『우리 옆집에 사시는』 그 **영감님**
그 **곰**은 결국 인간이 되었**다**.	『결국 인간이 된』 그 **곰**
그 **기계**는 복잡해 보였**다**.	『복잡해 보이는』 그 **기계**
이 **로봇**은 사람처럼 생각할 수 있**다**.	『사람처럼 생각할 수 있는』 이 **로봇**
할머니께서 이 고추장을 담그셨**다**.	『이 고추장을 담으신』 **할머니**
사람들은 오래 살고 싶어 한**다**.	『오래 살고 싶어 하는』 **사람들**
꽃들이 언덕 위에 피어나고 있어**요**.	『언덕 위에 피어나고 있는』 **꽃들**
그 **선생님**께서 내게 영어를 가르치셨**어**.	『내게 영어를 가르치신』 그 **선생님**
친구들은 날 이기적이라고 생각한**다**.	『날 이기적이라고 생각하는』 **친구들**
시간은 모든 것을 변하게 하**지**.	『모든 것을 변하게 하는』 **시간**
그 **남자**가 나더러 나가라고 말했**어**.	『나더러 나가라고 말한』 그 **남자**
그 **사진**은 이 폴더 속에 있**어**.	『이 폴더 속에 있는(속의)』 그 **사진**
그 **책**은 한국의 숲에 대한 거**야**.	『한국의 숲에 대한』 그 **책**
저 **학생**은 너보다 키가 크**다**.	『너보다 키가 큰』 저 **학생**
도서관이 공원에 새로 지어졌**다**.	『공원에 새로 지어진』 **도서관**
그의 어머니는 유명 작가시**다**.	『유명 작가이신』 **그의 어머니**

어떤가요? 한국어는 문장을 명사구로 바꾸는 것이 참 쉽지요. 어미라는 것이 이렇게 편리합니다.

그리고 **수식 받는 명사가 항상 명사구의 끝에 있어야 한다**는 공통점도 있습니다.

그러면 어미도 없고 문장이 동사로 끝난다는 공통점도 없는 영어는 어떻게 명사구를 만들어야 할까요?

먼저, 어미가 없기 때문에 형용사절 접속사가 필요하겠지요.

그리고 동사로 끝난다는 공통점이 없으니까 수식 받는 명사를 차라리 문장 앞으로 이동시키는 편이 좋습니다.

영어는 수식 받을 명사를 문장 앞에 둡니다. 그리고 **형용사절을 만드는 접속사**를 그 명사 뒤에 써 주지요.

형용사절을 만드는 접속사를 관계사라고 하고, 특히 명사를 대신해서 사용하는 관계사를 관계대명사라고 부릅니다.

즉, 관계사를 써 주면 형용사절 속의 동사는 동사(~다.)가 아닌 **형용사(~ㄴ)**로 변하게 되는 것입니다.

관계대명사는 수식 받는 명사가 사람이면 'who' 또는 'that', 사람이 아니면 'which' 또는 'that'을 사용합니다.

또, 원래는 문장의 주어였던 명사를 대신한 관계대명사를 주격관계대명사라고 부릅니다.

주어 뒤에	The woman ■ made this gochujang.	**문장**	**그분**이 이 고추장을 담그셨어.
관계대명사 who	**the woman** 「who made this gochujang」	**명사구 : 명사 + 형용사절**	「이 고추장을 담그신」 **그분**
주어 뒤에	The machine ■ looked complicated.	**문장**	**그 기계**는 복잡해 보였다.
관계대명사 which	**the machine** 「which looked complicated」	**명사구 : 명사 + 형용사절**	「복잡해 보이는」 **기계**
관계대명사 that	**the machine** 「that looked complicated」		

명사구를 활용하면 같은 명사가 있는 두 개의 문장을 한 문장으로 만들 수도 있고, 어떤 명사에 대한 추가 정보를 새로 문장을 쓰지 않고도 문장 속에 보탤 수 있는 좋은 방법입니다.

I know good *people*.　　***They*** are living honestly.	난 좋은 **사람들**을 알아. **그들**은 정직하게 살아가고 있어.
people 「who are living honestly」	「정직하게 살아가고 있는」 **사람들**
I know good ***people*** 「who are living honestly」 .	난 「정직하게 살아가고 있는」 좋은 **사람들**을 알아.
We sat on ***a rock*** to take lunch. ***The rock*** looked like a turtle.	우린 점심을 먹으려고 **바위**에 앉았다. **그 바위**는 거북을 닮았다.
rock 「that was like a turtle」	「거북을 닮은」 **바위**
We sat on ***a rock*** 「that looked like a turtle」 to take lunch.	우린 점심을 먹으려고 「거북을 닮은」 **바위**에 앉았다.

영어는 수식 받는 명사가 비교 대상이 없을 때 형용사절의 앞, 뒤에 **콤마(,)**를 찍어 줍니다.

그러면 형용사절의 정보는 말하려는 본 뜻과는 상관없다는 뜻이 되며, 이때는 'that'을 관계대명사로 사용할 수 없습니다.

This is my sister, who loves board games.	얘가 내 동생인데, 보드게임을 좋아해.	**여동생은 한 명뿐**
This is my sister who loves board games.	얘가 보드게임을 좋아하는 내 동생이야.	**다른 여동생도 있다.**
Hangul, that is Korean alphabet, is very scientific. (X)	콤마 뒤에는 'that'을 사용할 수 없습니다.	**비교 대상이 없다.**
Hangul, which is Korean alphabet, is very scientific.	한국 알파벳인 한글은 매우 과학적이지.	

명사구 – 주격관계대명사 who – 사람을 수식하는 관계대명사는 'that'보다 'who'를 사용하는 것이 좋습니다.

명사구를 만드는 과정은 문장을 써 나가는 과정과 같습니다. 즉, 수식 받는 명사를 쓰고 나면 관계대명사를 쓴 후 문장을 쓸 때와 같은 순서로 써 나가면 되는 것이지요.

「창 밖을 보면서⁴ 그 버스 위에서³ 햄버거를 먹고 있던² 그 이상한 남자¹

the strange man¹ **who** was eating hamburger² on the bus³ looking out of the window⁴

1	「영어를 싫어하는」 ₜₕₑ학생들	
2	「 ₜₕₑ왕이 된」 ₜₕₑ 남자	
3	「우리 학교를 졸업하신」 어떤 할아버지	
4	「그들을 돕고 싶어 하는」 많은 사람들	
5	「아침을 먹지 않는」 아이들	
6	「그걸 너한테 가르쳐 줄 수 있는」 ₜₕₑ사람	
7	「나한테ᴼ 이걸 읽으라고ᶜ 하신」 ₜₕₑ선생님	
8	「항상 날ᴼ 웃게ᴼᶜ 해주던」 그 친구	
9	「그가ᴼ ₜₕₑ개를 때리고 있는 걸ᶜ 본」 ₐ아이	
10	「 ₕₑᵣ텃밭에서 시간 보내는 걸 즐기는」 ₐ여자	

11	「겨우 일곱 살인」 ₐ소녀	
12	「초등학교 때 내 절친이었던,」 수민 ＊	
13	「모든 것을 가진 것 같은」 그 여왕	
14	「 ₜₕₑ학생들에게 항상 친절하신」 ₜₕₑ선생님	
15	「죽음을 두려워하지 않는」 용감한 전사들	
16	「 ₜₕₑ전화로₍ₒₙ₎ 이야기 하고 있던,」 ₘy엄마 ＊	
17	「다른 사람들에게 존경 받는」 누군가	
18	「그 이야기를 읽고 감동 받은」 사람들	
19	「어제 철수와 함께 있었던」 ₜₕₑ친구들	
20	「네가 도움이 필요할 때 거기 있는」 사람	

＊ '수민이, 엄마'는 비교대상이 없습니다.

~을 졸업하다	graduate from~	전사	warrior	죽음	death	감동받다	be moved
텃밭	vegetable garden	두려워하다	be afraid of~	존경받다	be respected		

명사구 – 주격관계대명사 that, which

| 1 | 『6시30분에 시작하는』 _{the}영화 |

1 『6시30분에 시작하는』 _{the}영화

2 『비가 올 때 마다˙ 여기 나타나는』 _{the}귀신

3 『계속 흘러내리는』 그 헐렁한 바지

4 『스트레스를 유발할 수 있는』 많은 것들

5 『내 손 위에 앉은』 그 잠자리

6 『우리에게 희망과 용기를 주는』 한마디 말

7 『사람들을^o 미소 짓게^c 만든』 그 장면

8 『나 대신 학교에 가 줄』 _a로봇

9 『밤에 사냥하는』 동물들

10 『이상한 소리를 내면서˙ 불던』 _{the}바람

11 『아주 평화로워 보이는』 _a작은 마을

12 『당신의 건강에 해로운』 _{the}가공된 음식들

13 『한국 영토가 분명한,』 독도 ＊

14 『한국에서 _{the}가장 높은 산인,』 백두산 ＊

15 『_{the}달빛 속에 어른거리고 있는』 _{the}호수

16 『_{the}서해로 흐르는』 _{the}강

17 『된장을 만들기 위해 사용 될』 콩

18 『그 바위 위에 새겨져 있는』 _{the}동물 형상들

19 『스트레스로 꽉 찬』 너의 머리

20 『과학으로 설명될 수 없는』 많은 일들

＊ '독도, 백두산'은 비교대상이 없습니다.

헐렁한	loose	용기	courage	~에 해롭다	be harmful to ~	형상	shape
흘러내리다	slip down	장면	scene	영토	territory	새겨지다	be carved
유발하다	cause-d	소리 내다	make sound	어른거리다	shimmer-ed	~로 꽉 차다	be filled with
잠자리	dragonfly	가공된	processed	콩	soybeans	설명되다	be explained

1 비록 모든 한국 학생들이 영어를 배우지만, 한국에서 『서습없이 영어를 사용하는』 the학생들을 만나기란(to-) 쉽지 않아요.

2 그 슬픈 이야기가 the세상에 알려진 후, 『그들을 돕고 싶어하는』 많은 사람들이 나타나기 시작했습니다.

3 네가 이 기술을 배우고 싶다면, 내가 『네게 그것을 가르쳐 줄 수 있는』 the사람에게 널 데려가 주마.

4 철수는 『his재치 있는 유머감각으로』 항상 날 웃게 해 주던』 그런 친구였어요. (그런 ~ : that kind of ~)

5 『그가O 그 개를 때리고 있는 걸C 본』 한 소년이 the경찰에 신고를 했고 그는 the경찰에게 연행되어 갔다.

6 난 그녀를O 『그저 the텃밭에서 시간 보내는 거나 즐기는』 an평범한 아주머니라고C 생각했어. 나중에야 난 그녀가 a유명 작가라는 걸 알았지.

7 『겨우 10살인』 a어린애한테O 매일* 3시간씩(for) 공부하도록C 몰아붙이는 것은(to-) 미친 짓이야.

서습없이	without hesitation	경찰에 신고하다	call the police	유명 작가	famous writer
기술	skill	연행되어 가다	be taken away	미친 짓이다	It is crazy
재치 있는	witty	평범한	ordinary	몰아붙이다	push-ed
유머감각	humor	아주머니	middle-aged woman		

8 심지어 『모든 것을 가진 것 같은』 그 왕조차도 가끔 그 자신을º ₐ초라하고 나약한 존재로ᶜ 느낀단다.

9 저는 『the학생들에게 항상 친절했던』 ₐ선생님으로(as) 그녀를 기억해요.

10 the꿀벌들이 the살벌한 말벌들에 맞서(againt) 싸울 때, 그들은 『죽음을 두려워하지 않는』 용감한 전사들로 돌변합니다.

11 네가 『다른 사람들에게 존중받는』 ₐ사람이고 싶으면, 네가 먼저 그들을 존중하는 걸 배워야 한다.

12 그녀를 놀래켜 주려고, 난 『미역국을 끓이면서˙the전화로 이야기 하고 있던,』my엄마에게 다가갔다.

13 그녀는 거기서 **무슨 일이** 있었는지 물어보려고 『어제 철수와 함께 있었던』 the아이들(boys)에게 전화를 했다.

14 난 『그 끔찍한 태풍 속에서 죽거나 다친』 the사람들의(of) the수가 1500명 이상이라고 들었다.

초라한	small	말벌	wasp	존중받다	be respected	~의 수	the number of ~
나약한	feeble	~에 맞서	againt ~	다가가다	approach-ed	죽거나 다치다	be killed or injured
존재	being	~로 돌변하다	turn-turned	전화로	on the phone	태풍	typhoon
살벌한	scary	전사	worrior	미역국 끓이다	make/cook miyeokguk	~이상이다	be over ~

15 「6시 30분에 시작하는」 그 영화를 보려면, 우린 미리 the표들을 예매하는 편이 좋겠어.

16 난 「계속 흘러내리는」 그 헐렁한 바지 때문에* 하루 종일 아무것도 할 수 없었어.

17 (There) 우리 주위에는 「스트레스를 유발할 수 있는」 것들이 많이 있습니다. 하지만 모든 것은 our마음에 달려있다는 걸 기억하세요.

18 난 「내 손 위에 앉은」 그 잠자리가 날아가 버릴 때까지* 움직이지 않고* 거기 앉아 있었다.

19 우리가 정말로 필요로 하는 **것**은 ₐ장황한 충고가 아니라, 「우리에게 희망과 용기를 줄 수 있는」 한 마디 말입니다.

20 여러분이 알다시피, (there) 「밤에 사냥하는」 동물들이 있지요. 우린 오늘 그 동물들에 대해서 공부해보려고 합니다.

21 「이상한 소리를 내며* 불던」 the바람이 사라진 후, ₐ소쩍새 소리가 the맑은 밤하늘에 울려 퍼지기 시작했다.

예매하다	book-ed	유발하다	cause-d	충고	advice
미리	in advance	~에 달려있다	depend on ~	용기	courage
헐렁한	loose	날아가 버리다	fly-flew away	소쩍새 소리	scops owl's song
흘러내리다	slip down	장황한	lengthy	울려 퍼지다	echo-ed

22 『건강에 해로운』 the가공 음식들을 먹지 않기란(to~) 거의 불가능해. 그건 our입맛이 그것들에 중독되어 있기 때문이지.

23 내가 my눈을 비비며 잠을 깼을 때, 『한국에서 the가장 높은 산인』, 백두산이 멀리서˙ 희미하게 나타나고 있었다.

24 그곳에 도착하자마자(on), 우린 『 the달빛 속에서 어른거리고 있는』 the아름다운 호수 옆에 the텐트를 치기 시작했다.

25 내가 학교 가기 싫을 때면, 난 『나 대신 학교에 가 줄』 a로봇을 상상하곤 했어요.

26 the산 위에서˙ 땀을 말리면서, 우린 『아주 평화로워 보이는』 the초록색 들판과 작은 마을들을 내려다 봤다.

27 네가 마음대로(자유롭게) 일주일을 보낼 수 있다면, 넌 『스트레스로 꽉 찬』 네 머리를 위해 뭘 할 거냐?

28 (There) the세상에는 『과학으로 설명될 수 없는』 많은 일들이 있고, 그것들은 미스터리라고 불리지요.

해로운	harmful	~에 중독되다	be addicted to~	텐트 치다	set a tent	들판	fields
가공 음식	processed food	비비다	rub-bed	어른거리다	shimmer	설명되다	be explained
~때문이다	That is because ~	희미하게	dimly	말리다	dry-dried	미스터리	mystery(-ies)
입맛	taste	멀리서	in the distance	~을 내려다 보다	look down at~		

2

'주격 관계대명사 + be 동사'의 생략

대부분의 경우 형용사절의 '관계대명사 + be'는 생략할 수 있습니다.

'be 동사' 뒤의 부분이 주어(명사)의 상태를 표현하므로 '관계대명사+be'가 없어도 충분히 명사를 수식할 수 있기 때문이지요.

'be 동사' 뒤에는 **명사보어, 형용사보어, 현재분사**(진행), **과거분사**(수동), **전치사**(부사구)가 따라왔었지요.

이들 중 **형용사, 현재분사, 과거분사, 전치사**는 '~ㄴ'으로 끝나는 형용사 성분들로 '관계대명사+be'없이도 명사를 수식할 수 있습니다.

또, 명사보어인 경우 '명사+명사(구)'의 형태가 되어 **동격의 명사구**라는 것을 만들게 됩니다.

	문장성분	품사	구	절		준동사
MAP	주어	명사	명사구	명사절	동명사	부정사
	동사	↑	↑			
	목적어	형용사	형용사구	형용사절		부정사구	분사(구)
	보어	형용사	형용사구	부사절		부정사구	분사(구)

따라서 '관계대명사+be'로 시작되는 형용사절은 **형용사(구), 분사(구), 명사(구)**의 형태로 간단히 할 수 있는 것이지요.

물론 이런 변화는 수식 받는 명사가 원래 문장의 **주어인 경우**에만 가능하며 명사구의 의미는 변하지 않습니다.

명사 + 형용사절 (관계대명사+be)	➡	형용사, 분사 + **명사**		
the **people** (who are) honest	the honest **people**	형용사+**명사**	정직한 **사람들**
flowers (which are) blooming	blooming **flowers**	현재분사+**명사**	피고 있는 **꽃들**
library (that was) newly built	newly built **library**	과거분사+**명사**	새로 지어진 **도서관**

명사 + 형용사절 (관계대명사+be)	➡	**명사** + 형용사구, 분사구		
the **dog** (which is) following me	the **dog** 「following me」	**명사**+현재분사구	「날 따라오고 있는」 **그 개**
library (that was) built for children	**library** 「built for children」	**명사**+과거분사구	「아이들을 위해 지어진」 **도서관**
kid (who is) being raised by wolves	**kid** 「being raised by wolves」	**명사**+현재분사구	「늑대들에게 길러지고 있는」 **아이**
books (that are) in the library	**books** 「in the library」	**명사**+형용사구	「도서관의 (에 있는)」 **책들**
people (who were) around you	**people** 「around you」	**명사**+형용사구	「네 주위의」 **사람들**
a special **gift** (which is) for you	a special **gift** 「for you」	**명사**+형용사구	「너를 위한」 특별한 **선물**

명사 + 형용사절 (관계대명사+be)	➡	**명사** + 명사, 명사구		
the dog (which is) a Poongsan dog	the dog a Poongsan dog	**명사**+**명사**	풍산개인 **그 개**
his mother, (who is) a famous writer	his mother, a famous writer	**명사**+**명사구**	유명 작가이신 **그의 어머니**

주격 관계대명사 뒤의 동사가 일반동사인 경우라면 형용사절을 그대로 사용하면 되겠지요.

하지만 일반동사가 '일상적으로 ~하는'의 의미인 경우 진행형으로 바꾸어 현재분사구로 간단히 할 수도 있습니다.

즉, 진행형이 아닌 형용사절을 진행형으로 바꾸어도 적절한 경우 일반동사를 현재분사로 바꿀 수 있다는 뜻입니다.

그래서 **현재분사**는 '~하고 있는' 뿐만 아니라 '~**하는**'의 의미를 표현할 수도 있는 것이지요.

명사 + 『관계대명사 + 일반동사(~하는)』	➡	명사 + 『현재분사구(~하고 있는, ~하는)』	
the **students** 『who **take** this class』		the **students** 『taking this class』	「이 수업을 듣는」 **학생들**
the **people** 『who **live** in this city』		the **people** 『living in this city』	「이 도시에 사는」 **사람들**
rivers 『that **flow** to the sea』		**rivers** 『flowing to the sea』	「바다로 흐르는」 **강들**

'관계대명사+be'의 생략은 형용사절을 형용사(구), 분사(구), 명사(구)로 바꾸어 다양한 형태의 명사구를 탄생시킵니다.

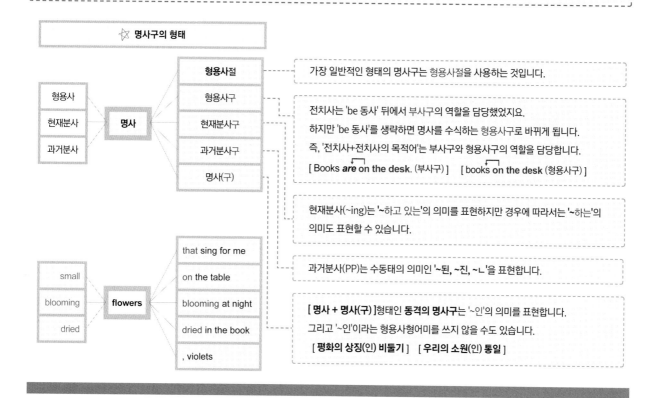

☆ **명사구의 형태**

가장 일반적인 형태의 명사구는 형용사절을 사용하는 것입니다.

전치사는 'be 동사' 뒤에서 부사구의 역할을 담당했었지요.
하지만 'be 동사'를 생략하면 명사를 수식하는 형용사구로 바뀌게 됩니다.
즉, '전치사+전치사의 목적어'는 부사구와 형용사구의 역할을 담당합니다.
[Books **are** on the desk. (부사구)]   [books on the desk (형용사구)]

현재분사(~ing)는 '~하고 있는'의 의미를 표현하지만 경우에 따라서는 '~하는'의
의미도 표현할 수 있습니다.

과거분사(PP)는 수동태의 의미인 '~된, ~진, ~ㄴ'을 표현합니다.

[**명사 + 명사(구)**]형태인 **동격의 명사구**는 '~인'의 의미를 표현합니다.
그리고 '~인'이라는 형용사형어미를 쓰지 않을 수도 있습니다.
[**평화의 상징(인) 비둘기**]   [**우리의 소원(인) 통일**]

1	the내리고 있는 눈	[내리는 눈]
2	a울고 있는 아이	[우는 아이]
3	the빛나고 있는 별들	[빛나는 별들]
4	the자고 있는 아기	[자는 아기]
5	그의 불타는 야망	[불타고 있는]
6	a자라고 있는 아이	[자라는 아이]
7	the끓는 물	[끓고 있는 물]
8	the지루한 영화	[지루하게 하는 영화]
9	a일하는 엄마	[일하고 있는 엄마]
10	the어두워지는 하늘	[어두워지고 있는 하늘]

11	the떠오르는 태양	[떠오르고 있는 태양]
12	the오는 해(year)	[오고 있는 해]
13	the따라오는(다음의) 그래프	[따라오고 있는 그래프]
14	a움직이는 물체	[움직이고 있는 물체]
15	a구르는 돌멩이	[구르고 있는 돌멩이]
16	the돌고 있는 프로펠러	[도는 프로펠러]
17	the불고 있는 바람	[부는 바람]
18	the흐르는 강	[흐르고 있는 강]
19	the변하는(바뀌는) 계절	[변하고 있는 계절]
20	a미소 짓고 있는 얼굴	[미소 짓는 얼굴]

내리다	fall-fell-fallen	자라다	grow-grew-grown	그래프	graph	프로펠러	propeller
빛나다	shine-shined	지루하게 하다	bore-d	물체	object	계절	season
불타다	burn-burned	어두워지다	darken-ed	구르다	roll-ed		
야망	ambition	떠오르다	rise-rose-risen	돌다	spin-spun		

명사구 – 과거분사^(~된, ~진, ~받은, ~ㄴ) + 명사

명사구 – 과거분사^(~된, ~진, ~받은, ~ㄴ) + 명사

1	the추가된 비용
2	the고장 난(깨진) 휴대폰
3	a구운(구워진) 감자
4	the새로 지어진 도서관
5	the닫힌 마음
6	조리된(익힌) 야채들
7	the새롭게 밝혀진 사실들
8	말린(말려진) 꽃들
9	잘 교육받은 사람들
10	프라이드(튀겨진) 치킨

11	a슬픈 얼굴을 한 남자
12	잊혀진 독립투사들
13	너의 숨겨진(숨은) 힘
14	the수입된 쇠고기
15	the잃어버린(잃어 진) 시간
16	the수제(손으로 만든) 돈가스
17	the산뜻하게 칠해진 집
18	the줄어든 비용
19	나의 박살 난 전화기
20	the갑작스럽고 예상치 못한 질문

추가된	added	슬픈 얼굴을 한	sad-faced	수입된	imported	산뜻하게	neatly
비용	cost	잊혀진	forgotten	쇠고기	beef	줄어든	reduced
밝혀진	discovered	독립투사	independence fighter	잃어버린	lost	박살 난	smashed
교육 받은	educated	숨겨진	hidden	수제	hand-made	예상 못한	unexpected

현재분사^(~하고 있는, ~하는) + 명사

현재분사^(~하고 있는, ~하는) + 명사

1 ₜₕₑ창가에 앉아서, 그들은 ₐ말 없이 ₜₕₑ내리고 있는 눈을 응시하고 있었다.

2 네 눈은 ₜₕₑ빛나는 별들 같구나. 네 영혼도 네 눈만큼이나 아름답겠지.

3 그전까지는, 아무도 그녀 외에는 그의 불타는 야망을 알아채지 못 했다.

4 어떤 것도 그가^O 그의 불타는 야망을 포기하게^C 만들 수는 없을 거야.

5 **어떻게** ₐ자라는 아이한테 그런 말을 할 수 있어요? 주의해서 yₒᵤᵣ말을 가려 하세요.

6 ₜₕₑ국수를 ₜₕₑ끓는 물 속에 넣고, 약 3분 동안 기다리세요.

7 ₕᵢₛ눈을 감으면서, 그 마지막 드라큘라는 ₜₕₑ떠오르는 해를 향해 그의 가냘픈 팔을 벌렸다.

8 ₜₕₑ다음(따라오는) 그래프는 한국 학생들이 **얼마나** 불쌍한 삶을 살고있는지 잘 보여줍니다.

9 ₐ움직이는 물체를 맞히기란^(to~) 결코 쉽지가 않지.

10 ₜₕₑ부는 바람, 피어나는 꽃들, 그리고 빛나는 별들은 ₐ나그네의 좋은 친구들이랍니다.

11 사람들은 ₐ웃는 얼굴에_(at) 침을 뱉지는 못한다는 걸 기억해.

응시하다	stare-d at	그런 말	such a thing	벌리다	open-ed	맞히다	hit-hit
그전까지	before that	말을 가려 하다	choose words	가냘픈	weak	피어나는	blooming
알아채다	notice-d	국수	noodles	불쌍한	pitiful	나그네	wanderer
자라는	growing	드라큘라	Dracula	물체	object	침 뱉다	spit-spat

과거분사^(~된, ~진, ~받은, ~ㄴ) + 명사

12 그건 우리 잘못이 아니에요. **왜** 우리가 _{the}추가된 비용을 내야 하지요?

13 내가 돌아왔을 때, _{my}여동생은 _{her}손에 그 깨진 폰을 든 채로 울고 있었다.

14 _{the}닫힌 마음을 연다는 것이^(to~) 네가 생각하는 것처럼* 그렇게 쉽지는 않아.

15 _{the}새롭게 밝혀진 사실들은 그녀의 주장을 뒷받침하기에 충분합니다.

16 _{my}어머니의 낡은 책을 읽다가, 나는 그 속에서 조그마한 말린 꽃 하나를 발견했다.

17 (There) _{the}버스의 _{the}뒷자리에는* _a슬픈 얼굴을 한 남자가 있었는데, 난 마치 내가 그를 아는 것처럼 느껴졌다. (~처럼 느껴지다 : feel as if ~)

18 결국 그녀는 그녀의 할아버지께서 _{the}잊혀진 독립투사들 중 한 명이었다는 것을 밝혀냈다. (~들 중 한 명 : one of ~)

19 네가 _{your}내면의 목소리를 들을 수 있다면, 넌 네 숨겨진 힘을 끌어낼 수 있을 거야.

20 그들은 그 기간을^O _{the}잃어버린 시간이라고^{OC} 불렀다. 난 그 의미를 이해할 수 없었다.

21 우린 그 캠프에서 먹으려고* Q-마트에서 수제 돈가스를 약간 샀다. (~약간 : 약간의 ~)

22 그녀의 얼굴은 그 갑작스럽고 예상치 못한 질문에 굳어져 버렸다.

내다 (지불하다)	pay-paid	조그마한	tiny	끌어내다	draw-drew-drawn
~을 든 채	holding ~	~의 뒷자리	the back of ~	기간	period
뒷받침하다	support-ed	내면의	inner	의미	meaning
주장	claim, argument	목소리	voice	굳어지다	harden-ed

명사구 – 명사 + 현재분사구^(~하고 있는, ~하는)

1	『the산 위에 내리고 있는』the눈	the snow falling on the mountain
2	『이 도시에 살고 있는』사람들	
3	『the새우깡을 옮기고 있는』the개미들	
4	『the낙엽을 쓸고 계시는』an할아버지	
5	『네 몸 속을 돌고(순환) 있는』the피	
6	『the나무 위에 a둥지를 짓고 있는』까치	
7	『the사진 속 미소 짓고 있는』my엄마 얼굴	
8	『나한테 수학을 가르치고 있는』my삼촌	
9	『인간들 대신 일하고 있는』로봇들	
10	『V-자로(in) 날고 있는』청둥오리들	

11	『the고요한 물에 떠있는』the보름달	
12	『the동해로 흐르는』the강	
13	『the계단을 올라 가려 애쓰고 있는』a강아지	
14	『the바이킹을 타려고 기다리는』사람들	
15	『the해돋이를 보려고 몰려드는』사람들	
16	『밝게 웃으며* 악수하고 있는』두 남자	
17	『날 지켜보며*the벤치에 앉아 있는』한 남자	
18	『내가o my다리 떨고 있는 걸c 지켜보던』아빠	
19	『3D프린터로(by) 만들어지고 있는』것들 *	
20	『대중매체에 의해 무시되고 있는』의견들 *	

* ~되고 있는, ~지고 있는 : being PP

옮기다	move-d	둥지	nest	고요한	calm	떨다	shake-d
쓸다	sweep-swept	청둥오리	wild duck	동해	East Sea	의견	opinion
낙엽	fallen leaves	V-자	V-shape	몰려들다	crowd-ed	무시되다	be ignored
순환하다	circulate-d	보름달	full moon	해돋이	sunrise	대중매체	the media
까치	magpie	뜨다	float-ed	악수하다	shake hands		

명사구 – 명사 + 과거분사구^(~된, ~진, ~받은, ~ㄴ)

1	『법정에 의해 쓰여진』 책들	books written by Beopjeong
2	『흙과 나무 만으로 만들어진』 ₐ한옥	
3	『the폭풍으로 뽑혀지거나 부러진』 나무들	
4	『겨울에 태어난』 사람들	
5	『the햇빛으로 데워진』 조약돌들	
6	『담배연기로 가득 찬』 thePC방	
7	『그 석탑 속에서 발견된』 the오래된 책	
8	『the티셔츠 위에 인쇄된』 the글자들	
9	『the텃밭에서 재배된』 싱싱한 채소들	
10	『the바닷바람을 막으려고 심어진』 나무들	
11	『우리 팀에 주어진』 the미션	
12	『우연히 찍힌』 UFO들의 the사진들	
13	『the바쁜 도시 생활에 지친』 the사람들	
14	『the굶주린 호랑이에게 던져진』 the남자	
15	『the어두운 방안에 홀로 남겨진』 the아이	
16	『이순신이라고 이름 지어진』 the전함	
17	『참꽃이라고 불리는』 the꽃	
18	『소리 내 그걸 읽으라고 요청 받은』 the아이	
19	『the모임에 참석할 걸로 예상되는』 the사람들	
20	『말대꾸하지 않도록 배운』 the아이들	

흙	soil	조약돌	pebble	재배된	grown	전함	battle ship
나무(목재)	wood	~로 가득 찬	filled with ~	텃밭	vegetable garden	소리 내어	aloud
뽑힌	uprooted	석탑	stone pagoda	막다	defend-ed	~에 참석하다	attend-ed
폭풍	storm	글자	letter	우연히	by accident	말대꾸하다	talk back
데워진	heated	인쇄된	printed	굶주린	starving		

명사구 - 동격

동격의 명사구는 명사 또는 명사구의 위치를 서로 바꾸어도 같은 의미가 됩니다.

나의 조국, **코리아** = 코리아, **나의 조국** : **Korea**, my country = **my country**, Korea

동격의 명사구는 비교 대상이 없는 경우가 많기 때문에 콤마(,)로 표시해 주는 경우가 많습니다. (꼭 그런 것은 아니지만)

학교 선생님이신, **철수 아버지**는 아주 엄하시다. : **Chulsu's father,** a school teacher, is very strict.
: A school teacher, **Chulsu's father** is very strict.

1	『the지구,』 우리의 행성
2	『우리의 행성,』 the지구
3	『내 절친들 중 한 명인,』 순이
4	『a엄한 수학선생님이신,』 our담임선생님
5	『a대학생인,』 철수의 형
6	『a유명한 시인인,』 김용택
7	『한국의 the수도인,』 서울
8	『a만화 캐릭터,』 뽀로로
9	『한국의 천연기념물 53호인,』 진돗개
10	『한국의 국보 1호인,』 남대문
11	『한국에서 the가장 높은 산,』 백두산
12	『my가장 좋아하는 과목,』 과학
13	『the한국의 알파벳,』 한글
14	『the가장 위대한 예술가들 중 한명인,』 고흐
15	『우리의 미래 그리고 희망인,』 our아이들
16	『우리 집의 자랑인,』 my형

행성	planet	시인	poet	국보 1호	national treasure number 1	예술가	artist
절친	best friend	수도	capital city	가장 좋아하는	favorite	섬	island
엄한	strict	만화 캐릭터	cartoon character	알파벳	alphabet	자랑	pride
담임선생님	class teacher	천연기념물	natural monument	위대한	great		

1 the세상은 어둠 속에 묻혔고, 오직 『the창 밖에 내리고 있는』 눈만이 그 가엾은 소년을 위로해 주는 것 같았다.

2 난 『새우깡 하나를 옮기고 있는』 the개미들을 발견했다. 난 한참 동안 그걸 지켜보면서˙ 거기 앉아 있었다.

3 약 한 시간 동안 the좁은 비포장 도로를 따라 걸은 후, 우린 『the낙엽을 쓸고 계시던』 할아버지 한 분을 만날 수 있었다.

4 『our몸 속을 돌고 있는』 the혈액은 세포들로부터 CO^{2}와 다른 노폐물들을 가져오고(take) 대신˙ 신선한 O^{2}와 영양분들을 제공해 준다.

5 『the사진 속 미소 짓고 있는』 my엄마의 얼굴은 내가˙ 슬플 때 마다˙ 항상 내 가슴을^O 따뜻하고 평화롭게^C 해 줘.

6 그 영화의 the줄거리는 아주 단순해. 『인간들 대신 일하고 있던』 the로봇들이 a폭동을 일으키고 우리의 주인이 되지.

7 난 내가˙ 『V자로 날고 있는』 the청둥오리들의 사진을 찍을 수 있도록 the차를 세워달라고^C 아버지께^O 부탁드렸다.

묻히다	be buried	지켜보다	watch-ed	세포	cell	폭동을 일으키다	raise a revolt
어둠	darkness	좁은	narrow	제공하다	provide-d	주인	master
위로하다	comfort-ed	비포장	unpaved	영양분	nutrient	청둥오리	wild duck
가엾은	poor	노폐물	waste	줄거리	storyline		

8 "난 『_{the}고요한 물 위에 떠 있는』_{the}보름달에게서 그 비밀을 들었지." 그 노래는 이렇게 시작해.

_____

9 그가 말했다. "『_{the}동해로 흐르고 있는』_{the}강을 따라가거라. 그러면 『그 마법을 풀 수 있는』_{the}용왕을 만날 수 있을 게야."

_____

10 난 『_{the}계단을 올라가려고 애쓰고 있는』_{the}강아지의 _a동영상을 찍어서 _{the}인터넷에 그걸 올렸다.

_____

11 (there) 『_{the}바이킹을 타려고 기다리고 있는』 사람들이 너무 많았지만, _{my}동생은 그가 그걸 타야 한다고 고집을 부렸다.

_____

12 그 도로는 『_{the}해돋이를 보려고 몰려들고 있는』_{the}사람들 때문에 막혀있었고, 그래서 우린 돌아서 가야했다.

_____

13 『내가^O _{my}다리를 떨고 있는 걸^{OC} 지켜보시던,』_{my}아버지께서 말씀하셨다. "고만해! _{your}복 나간다."

_____

14 난 거기에 『우리가^O 축구하고 있는 걸^C 지켜보면서 _{the}벤치에 앉아있던』 한 남자가 있었던 게 기억난다.

_____

용왕	dragon king	고집부리다	insist-ed
마법을 풀다	remove the spell	막히다	be blocked
~의 동영상을 찍다	take video of ~	돌아서 가다	take a detour
인터넷에 올리다	post on the internet	복	luck, fortune

15 무소유는 『법정에 의해 쓰여진』 the유명한 책들 중 하나야. 그들이 그걸 읽은 적 있는지 your부모님들께 물어봐.

16 『겨울에 태어난』 사람들이 『여름에 태어난』 이들(those)보다˚ 더위에 더 민감하다는 것이 사실인가요?

17 『흙과 나무로만 만들어진,』 한옥은 the가장 환경친화적인 주택 스타일들 중 하나가 분명합니다.

18 난 the시원한 바닷물 속에서 수영한 후에 『the햇빛으로 데워진』 조약돌 위에 눕는 것이^(~ing) 좋았다.

19 그녀는 『the티셔츠에 인쇄된』 the글자들이 **뭘** 의미하는 지 모르는 것 같아. 내가 그녀에게 말해줘야 할까?

20 the가뭄이 계속되었음에도, 『그녀의 텃밭에서 재배된』 the채소들은 싱싱하고 건강해 보였다.

21 『오래 전 the바닷바람을 막으려고 심어진』 the나무들은 이제 the해변을 따라 멋진 풍경을 만들어내고 있습니다.

무소유	Non-possession	주택	house	계속되다	continue-d
~에 민감하다	be sensitive to~	눕다 (눕기)	lie-lay-lain (lying)	풍경	scenery
더위	heat	의미하다	mean-meant	해변	seashore
환경친화적인	eco-friendly	가뭄	drought		

22 「우리 팀에 주어진」 the미션은 밤에 사슴벌레들을 잡기 위해 a덫을 만드는 거였고, 난 **어떻게** 그걸 만드는지 알고 있었어.

23 난 the도서관에서 책 한 권을 빌렸는데, (there) 그 책 속에는 「우연히 찍힌 UFO들의」 많은 사진들이 있었어.

24 「the굶주린 호랑이에게 던져진」 the남자는 an주문을 외우기 시작했어. 그러자 「그에게 으르렁 거리던」 호랑이는 a순한 고양이가 되었지.

25 이 작은 요정은 「지난 봄에 피었던」 「참꽃이라고 불리는」 a꽃 속에서 태어났습니다.

26 「그 책을 읽으라고 요청 받은」 the아이는 잠깐 동안 망설였지만, 느리지만 또박또박 그 어려운 영어책을 읽어갔다.

27 이 숲 체험 캠프는 「the바쁜 도시 생활에 지친」 the사람들을 위해 고안(디자인) 되었습니다.

28 「말대꾸하지 말도록 배운」 the아이들은 다른 아이들보다˙ 더 소극적으로 되기 쉽다는 걸 아셔야 해요.

사슴벌레	stag beetle	순한	meek	또박또박	clearly
빌리다	borrow-ed	요정	fairy	체험 캠프	experience camp
주문을 외다	utter an incantation	잠깐 동안	for a moment	~하기 쉽다	be likely to ~
으르렁거리다	roar-ed	~을 읽어가다	read through ~	소극적인	passive

29 과학자들은 『우리의 행성,』 the지구와(to) 『a비슷한 환경을 가진』 행성을 찾으려고 노력해 오고 있습니다(완료진행).

---

30 『내 절친들 중 한 명인,』 순이는 a말을 잘 들어 주는 사람이고 항상 내가O 편안하게 느끼도록C 해 줘요(만들어 줘요).

(말을 잘 들어 주는 사람 : a good listener)

31 난 『a유명한 시인인,』 김용택 님께서 the축제 기간 중에 우리 학교를 방문할 거라는 걸 듣고(to~) 엄청 기뻤다.

---

32 한국에서 『the가장 높은 산인,』 백두산은 a휴화산입니다. 그건 백두산이(it) the미래에 다시 분출할 거라는 걸 의미하지요.

---

33 **얼마나 많은** 사람들이 『한국의 the수도인,』 서울에 살고 있는지 아세요?

---

34 사람들은 『the한국 알파벳인,』 한글이 배우고 사용하기(to~) 쉽다고 말하지만, 사실 저는 그게 무슨 말인지 모르겠어요.

(그게 무슨 말인지 : what it means)

35 『우리의 미래 그리고 희망인,』 our아이들이 하루 종일 공부만 하도록(only to~) 강요받는다는 것은 정말로 슬픕니다.

우린 **어떻게** 다른 이들과 행복과 조화 속에서 살아가야 하는지를 그들에게 가르쳐야 합니다. 그렇게 하기 위해서는...

비슷한	similar	축제 기간 중에	during the festival	하루 종일	all day long
환경	environment	휴화산	dormant volcano	~하도록 강요받다	be forced to~
편안한	comfortable	의미하다	mean-meant	행복	happiness
기쁘다	be pleased / happy	분출하다	erupt-ed	조화	harmony

3

명사+전치사(형용사구)

'전치사+목적어(Op)'형태의 부사구는 '**be 동사**'와 함께 '~**가 ~에 있다, ~다**'의 의미를 표현하지요.　- The school *is* near a park. (부사구)

이 문장을 명사구로 만들면 '**관계대명사+be 동사**'가 있는 형용사절이 만들어집니다.　- the school 「*that is* near a park」(형용사절)

그리고 'that+be'를 생략하면 '전치사+목적어(Op)'가 명사를 수식하는 형용사구로 바뀌게 됩니다. - the school 「near a park」(형용사구)

지금까지 우리가 사용해 온 전치사들은 이런 방식으로 명사 뒤에서 명사를 수식하는 형용사구로 사용되는 것이지요.

문장 – [be + 부사구]	➡	명사구 – [명사 + 형용사구]	~에 있는, ~의, ~ㄴ
The people **are** at the concert.		the **people** at the concert	콘서트장의 **사람들**
The key **is** in your pocket.		the **key** in your pocket	네 주머니 속에 있는 **열쇠**
Old trees **are** around the lake.		old **trees** around the lake	그 호수 주위의 오래된 **나무들**
The book **is** about insects.		the **book** about insects	곤충에 대한 그 **책**
This gift **is** for you.		the **gift** for you	널 위한 **선물**
The boy **is** from North Korea.		the **boy** from North Korea	북한 출신의(에서 온) 그 **소년**
The woman **is** with a dog.		the **woman** with a dog	개와 함께 있는 그 **여자**
Some people **are** without houses.		some **people** without houses	집이 없는 어떤 **사람들**

☆ [**전치사+Op**] 형태를 흔히 **전치사구**(prepositional phrase)라고 부릅니다. 하지만 영어의 전치사는 **부사구**와 **형용사구**를 만드는 데만 사용되기 때문에 기능에 따라 부사구, 형용사구로 부를 수 있습니다.

MAP

문장성분	품사	구	절	준동사
주어	명사	명사구	명사절	동명사	부정사
동사	동사			
목적어	형용사	형용사구 ⟷	형용사절	
보어	부사	부사구		

전치사 + 전치사의 목적어

			명사 + 「전치사+Op」	「~에 있는, ~의, ~ㄴ」 + 명사
명사 +	at ~	~에 있는, ~의	people at the table	식탁에 있는 사람들
	in ~	~속(안)의, ~에 처한, ~을 입은	flowers in the vase, flowers in spring	꽃병 속의, 봄의 꽃들
			a friend in danger, a friend in love	위험에, 사랑에 빠진 친구
			a boy in school uniform	교복을 입은 소년
	on ~	~위의, ~상의, ~을 탄, ~중인	animals on the earth	지구 상의 동물들
			prince on horse	말을 탄 왕자님
			man on the phone, man on a trip	통화 중인, 여행 중인 남자
	in front of ~	~앞의, ~전의 [before ~]	the car in front of / before us	우리 앞의 **자동차**

명사 +	behind ~	~뒤의, ~후의 [after ~]	the river behind the house	그 집 뒤의 **강**
			the day after tomorrow	**모레**
	beside~	~옆의, 곁의 [by~, next to ~]	the table beside, by, next to you	네 옆의 **책상**
	near ~	~근처의, ~가까이 있는	the bakery near the library	도서관 근처의 **빵집**
	around ~	~주위의, ~주변의, ~근처의	tall trees around the lake	호수 주위의 큰 **나무들**
	between ~	~사이의	differences between you and me	너와 나 사이의 **차이들**
	outside ~	~밖의	the plants outside the window	창밖의 **화분들**
	across ~	~건너의, ~을 가로지르는	flower shop across the street	길 건너의 **꽃집**
	along ~	~을 따라 있는	the trees along the street	길을 따라 있는 **나무들**
	through ~	~을 통한, ~을 관통하는	studying through the internet	인터넷을 통한 **공부**
	over ~	~너머의, ~위의, ~이상의	somewhere over the rainbow	무지개 너머 **어딘가**
			bridge over the river	강 위의 **다리**
	under ~	~아래의, ~하의, ~미만의	children under 11	11세 미만의 **어린이들**
	from ~	~로부터, ~에서 온, ~출신의	the teacher from Jeju island	제주도 출신의 **선생님**
	to ~	~(에)게의, ~로 가는, ~에 대한	the plane to Jeju island	제주도로 가는 **비행기**
	for ~	~을 위한, ~를 향한	a gift for you, love for you	널 위한 **선물,** 널 향한 **사랑**
	about ~	~에 대한	mixed feelings about my parents	부모님에 대한 복잡한 **기분**
	like ~	~같은	a student like you	너 같은 **학생**
	with ~	~을 가진, ~와 함께 있는, ~와 의	people with good heart	착한 마음씨를 가진 **사람들**
	without ~	~없는	a world without love	사랑 없는 **세상**
	of ~	~의, ~중의, ~하는 것의	one of them, love of mother	그들 중 **한 명,** 어머니의 **사랑**
			importance of **making** good friends	좋은 친구 사귀는 것의 **중요성**
			question of **what** you want to be	네가 무엇이 되고 싶은 지의 **질문**

☆ 전치사를 사용하면 동사를 사용하지 않고도 어떤 의미를 간단히 표현할 수 있는 경우가 많이 있습니다.

a man wearing black jacket (= a man in black jacket)

a boy riding the bike (= a boy on the bike)

woman who has blue eyes (=woman with blue eyes)

a man who has no hair (=a man without hair)

people who came from Korea (= people from Korea)

☆ 동명사와 명사절이 전치사의 목적어로 사용될 수 있다는 점을 기억하세요.

the thought of / about running away (달아날 **생각**)

talent for making people laugh (사람들을 웃게 하는 **재주**)

the life without loving others (다른 이들을 사랑하지 않는 **인생**)

the difference between reading a book and writing a book

the secret of how to make it (그걸 어떻게 만드는지의 **비밀**)

the fears about what will happen (무슨 일이 일어날지에 대한 **두려움**)

1	『the시청 광장에 있는』 the군중	at
2	『그 콘서트(장)에 있던』 몇몇 어린 소녀들	
3	『the모퉁이의』 the조그마한 문방구	
4	『학교에서의』 네 행실	
5	『the깊고 푸른 바닷속의』 the용궁	in
6	『네 마음 속의』 the감춰진 에너지	
7	『티벳에서의』 7년	
8	『아이들을 양육하는 데의』 a아버지의 역할	
9	『미술과 사랑에 빠진』 사람들	
10	『한복을 입은(차림의)』 the귀여운 소녀	

11	『the노란 민들레 위의』 the하얀 나비	on
12	『내 얼굴 위의』 the여드름들	
13	『a오토바이를 탄 검은 재킷을 입은』 a남자	
14	『the통화중인』 그 여자의 the얼굴	
15	『the도서관 앞의』 the키 큰 느티나무	in front of
16	『the결승점 앞』 50 미터	before
17	『the시험 전』 삼일	
18	『이 건물 뒤의』 the공터	behind
19	『그녀의 미소 뒤의』 the슬픔	
20	『사(死) 후의』 세계	after

군중	the crowd	행실	behavior	미술	arts	결승점	finishing line
시청 광장	City Hall square	용궁	palace of the Sea King	민들레	dandelion	공터	vacant lot
조그마한	petty	감춰진	hidden	여드름	pimple	슬픔	sadness
문방구	stationery store	역할	role	오토바이	motorcycle	죽음(死)	death
모퉁이	corner	양육하다	bring up	느티나무	zelkova tree		

1	『그 절 옆에 있는』 한 그루 늙은 은행나무	beside
2	『그 난로 옆(곁)의』 the나무 의자	by
3	『the빵집 옆(다음)에 있는』 the과일 가게	next to
4	『the적도 가까이에(근처에) 있는』 섬들	near
5	『the학교 주위(근처)의』 모든 the PC방들	around
6	『우리들 주변의』 the전통 문화들	
7	『너와 나 사이의』 the거리	between
8	『한국어와 영어 사이의』 the중요한 차이점들	
9	『그 강을 가로지르는』 a긴 다리	across
10	『the길 건너편의』 the편의점	

11	『the창 밖의』 the그림 같은 풍경	outside
12	『그 해변을 따라 있는』 the소나무들	along
13	『그 강을 따라 있는』 the자전거 길	
14	『그 숲을 통과하는』 the오솔길	through
15	『놀이를 통한』 the교육	
16	『the산 위의』 the구름들	over
17	『70이 넘은』 사람들	
18	『the무지개 너머』 어딘가	
19	『the침대 밑의』 the괴물	under
20	『10세 미만의』 아이들	

은행나무	ginkgo tree	문화	culture	풍경	view	놀이	play
절	temple	거리	distance	소나무	pine tree	어딘가	somewhere
난로	stove	차이점	difference	자전거 길	cycle path		
적도	equator	편의점	convenience store	오솔길	path		
전통적인	traditional	그림 같은	picturesque	교육	education		

명사구 - 명사+전치사

#		
1	『the태양으로부터 오는』 빛	**from**
2	『경상도 출신의』 the영어 선생님	
3	『the과거로의』 여행	**to**
4	『the산 위의 the마을로 가는』 the유일한 길(way)	
5	『my집에서 the학교까지의』 the거리	
6	『거기 살고 있는˙ 아이들을 위한』 a도서관	**for**
7	『타인들을 위한』 배려	
8	『our마음은 어떻게 작동하는가에 관한』 a책	**about**
9	『네가 싫어하는 것에 대한』 화	
10	『a아이처럼 취급받는 것(~ing)에 대한』 불평	
11	『이 같은』 순간	**like**
12	『그 같은』 어떤 것 (그런 것)	
13	『"마당을 나온 암탉" 같은』 애니메이션	
14	『따뜻한 마음을 가진』 사람들	**with**
15	『네 친구들과의』 관계	
16	『a창문이 없는』 a어두운 방	**without**
17	『팥소 없는』 찐빵	
18	『그렇게 많은 사람들의』 an우상	**of**
19	『농촌 마을들을 보호하는 것의』 the중요성	
20	『**어떻게** 이런 맛을 내는지(만드는지)의』 the비밀	

과거	past	화	anger	마당을 나온 암탉	A Hen into the wild	중요성	importance
거리	distance	불평	complaint	관계	relationship	보호하다	protect-ed
타인들	others	취급 받다	be treated	찐빵	steamed bread	농촌 마을	farming village
배려	consideration	순간	moment	팥소	filling		
작동하다	work-ed	애니메이션	animation	우상	idol		

1 내가 어렸을 적에, 난 the값싼 군것질거리를 사 먹으려고 『the모퉁이에 있는』 그 조그마한 문방구에 들르곤 했지.

2 네가 『학교에서의』 네 행실이 부끄럽게 느껴진다면, **왜** 넌 그걸 바꿔보려고 노력하지 않는 건데?

3 어느 날, 『the깊은 바닷속 the용궁에 살고 있던』 그 왕자는 『땅 위의』 the사람들이 **어떻게** 살고 있는지 궁금했다.

4 (It) 어느 토요일 밤이었다. my엄마는 『아이들을 양육하는 데의 a아버지의 역할에 대한』 a책을 읽고 있었고, my아빠는 the소파 위에 누워서(누운 채로) TV를 보고 있었다.

5 나연이는 액자에 든 사진 한 장을 가져오더니 " 『한복을 입은』 이 귀여운 소녀가 my엄마야."라고 말했다.

6 『곤경에 처한 a친구를 외면하는』 a사람이 되고 싶지 않아서, 난 용기를 내서 『철수를 둘러싸고 있던』 the녀석들에게 소리쳤다. 그만해!

~에 들르다	stop by	누워서	lying ~	용기 내다	screw up one's courage
사 먹다	buy-bought	가져오다	bring-brought	둘러싸다	surround-ed
군것질거리	snacks	액자에 든	framed	그만해!	Stop it!
~이 궁금하다	be curious about ~	곤경에 처한	in trouble		
육지	land	외면하다	look away		

7 『the얼굴 위의』 the여드름들을 짜거나 터뜨리는 것은(to~) 위험하다. 그게 the얼굴에 흉한 흉터들을 남길 수도 있기 때문이다.

_____

_____

8 the선생님은 하얀 색과 노란색 분필로* the칠판에 『a노란 민들레 위의』 하얀 나비 한 마리를 그리기 시작하셨다.

그리고 금세, 아름다운 작품 하나가 완성되었다. (금세 : in a minute)

_____

_____

9 the뜨거운 여름 날들 내내, 『the도서관 앞의』 the키 큰 느티나무들은 the이글거리는 해를 가려서(by) the지나가는 사람들(행인)을 위해

시원한 그늘을 만들어 주고 있었다.

_____

_____

_____

10 우린 그가 the경기를 이길 거라고 확신했지만, 그는 『the결승점 앞』 약 50 미터에서 넘어지고 말았다.

_____

11 the버스 정류장으로 걸어가다가, 나는 철수가O 『the건물 뒤』 the공터에서* 어떤 녀석들에게 둘러싸여 있는 걸C 발견했다.

_____

12 나도 네가 뭘 의미하는지 알지만, 난 『우리 앞에 놓여있는(앞의)』 the문제를 해결하는 것이(to~) 더 중요하다고 생각했어.

_____

_____

짜다	sqeeze - d	분필	chalk	행인들	passers-by	경기	race
터뜨리다	pop - ped	작품	work	가리다	block - ed	넘어지다	fall - fell down
흉한	ugly	완성되다	be completed	이글거리는	blazing	둘러싸다	surround - ed
흉터	scar	그늘	shade	확신하다	be sure		

13 『_{the}시험 전』이 삼일 동안에는* _{an}편안한 마음으로 『각 과목의』 모든 _{the}챕터들을 읽어보는 게^(to~) 좋다.

14 (There)『사 후의』 세계의 존재를 믿는 사람들은 많습니다. 당신은 어떻습니까?

15 그녀가 잠시 후에 돌아왔을 때, 그녀는 내게 미소를 지었지만, 난 『그녀의 미소 뒤의』 _{the}슬픔을 보았다.

16 _a전설에 따르면, 『그 절 옆에 있는』 _{the}늙은 은행나무는 나쁜 일들이 _{the}나라에 일어 날 때마다 눈물을 흘린답니다.

17 『_{the}빵집 옆에 있는』 _{the}과일 가게의 _{the}주인은 _{the}손님들에게 늘 친절해요. 그의 얼굴은 항상 평온해 보이지요.

18 우린 그 녀석들을 찾으러 『_{the}학교 주변의』 모든 _{the}PC방들을 뒤지면서* 몇 시간 동안이나 돌아다녀야 했다.

19 그녀는 (it) 너무 늦기 전에 『아이들과 그들 자신 사이의』 _{the}거리를 좁히려고 노력하라고^c 부모들에게^o 충고합니다.

챕터	chapter	잠시 후	after a while	주인	owner	뒤지다 search-ed
과목	subject	~에 따르면	according to ~	손님	customer	좁히다 close-d
편안한	easy	전설	legend	평온한	peaceful	
~의 존재를 믿다	believe in ~	눈물 흘리다	shed tears	돌아다니다	go around	

20 일단 네가 『_{the}영어와 한국어 사이의』 이런 중요한 차이점들을 이해하면, 넌 훨씬 쉽게 영어를 배울 수 있을 거야.

21 우리는 너무 피곤했지만, 『_{the}창밖의』 _{the}그림 같은 풍경은 우리가^O 행복하게 느끼도록^C 해주기에 충분했다.

22 내 걱정은 하지 마. 난 네가 그를 만나는 동안 널 기다리면서 『_{the}길 건너』 _{the}편의점에서 컵라면이나 먹고 있을게.

23 우린 우리가 『_{the}강을 따라 있는』 _{the}자전거 길을 이용하면 많은 시간을 절약할 수 있지. (It) 20분 보다 적게 걸릴 거야.

24 난 우리 학교에서 『놀이를 통한』 _{the}교육을 실행하는 것^(to~)은 거의 불가능하다고 생각합니다. 왜냐하면...

25 『_{the}나뭇잎 위의』 _a달팽이가 _{the}풍뎅이에게 속삭였다. "내가 너처럼 날개가 있다면, 난 『_{the}무지개 너머』 어딘가로 날아갈 거야."

26 『_{the}침대 밑』 _{the}괴물은 _{the}낮 동안 잠을 자고, _{the}밤이 오면(올 때), 그 녀석은^(it) 『너 같은』 애들을 사냥하러 기어 나오지.

~를 걱정하다	worry about ~	달팽이	snail
~보다 적게	less than ~	풍뎅이	beetle
절약하다	save-d	기어 나오다	creep out
실행하다	practice-d		

PRACTICE

명사 + 전치사

27 『the태양으로부터 오는』 the빛의 약 30%는 the우주로 반사되고, the나머지는 구름들, 해양들, 그리고 육지에 의해 흡수된다.

28 그들은 『the산 위의the마을로 가는』 the유일한 길이 the폭설로 막혀버리기 전에 the구조대가° 올 거라ᶜ 예상하는 것 같았다.

29 철수는 7시30분에 집을 나섰고 7시50분에 the학교에 도착했습니다. 철수는 시속 2km의 속도로 걸었습니다. 『철수 집에서 the학교까지의』 the거리를 계산하세요.

30 그 작가는 『거기 살고 있는˙the아이들을 위한』 a도서관을 짓기 위해 그 상금의 전부를 기부할 계획이었다.

31 이 세상을° 더 아름답게ᶜ 만들기 위해서, 『타인들을 위한』 배려는 the가장 가치 있는 덕목이 분명합니다.

32 『마음이 **어떻게** 작동하는지에 대한』 the책을 읽고 난 후에, 난 『내가˙싫어하는 **것**에 대한』 the화가° 일어나고ᶜ 사라지는 걸ᶜ 관찰하려고 노력했다.

반사되다	be reflected	해양	ocean	계산하다	calculate-d	덕목, 덕	virtue
우주	space	구조대	rescue team	기부하다	donate-d	관찰하다	observe-d
나머지	the rest	막히다	be blocked	상금	prize money	(화가) 일어나다	rise-rose-risen
흡수되다	be absorbed	~의 속도로	at the speed of ~	가치 있는	valuable	사라지다	disappear-ed

33   가끔 내 친구, 순이는 「집에서 ₐ아이처럼 취급받는 것에 대한」 불평들을 늘어놓아요. 사실, 전 그녀가 부러워요.

34   당신이 알다시피, 저는 오랫동안 「이 같은」 ₐ순간을 기다려 왔습니다. ^(완료진행 : have been ~ing)

35   난 그걸 믿을 수 없어. 그들은 「그 같은」 것_(something)을 하기에는˙ 너무 어려 보여.

36   넌 (there) 네 주위에 「따뜻한 마음을 가진」 사람들이 있다는 것에 감사해야 해.

37   난 「친구들과의」 좋은 관계를 쌓아가는 것^(~ing)이 성적을 향상시키는 것보다˙ 훨씬 더 중요하다고 생각해.

38   _{your}눈을 감고 네가 「ₐ창문이나 문이 없는」 ₐ어두운 방 안에 홀로 있다고 상상해봐.

39   「그렇게 많은 사람들의」 _{an}우상으로 살아 간다는 게^(to~) 쉽지는 않을 거야.

40   난 사람들이º 「농촌 마을들을 보호하는 것의」 _{the}중요성을 깨닫기를˙ 바랍니다.

41   그 할머니를 제외하고, 누구도 「**어떻게** 그 맛을 내는지의」 _{the}비밀을 모르지요.

불평을 늘어놓다	make complaints	쌓아가다	build-built
부럽다	envy-envied	향상시키다	improve-d
오랫동안	for a long time	맛을 내다	make taste
감사해하다	be thankful		

4 목적격 관계대명사 : ~가 ~하는

한국어는 동사의 목적어를 문장 뒤로 보내고 종결어미를 형용사형어미로 바꾸면 쉽게 목적어가 수식 받는 명사구가 만들어집니다.
그리고 동사의 목적어가 수식 받기 때문에 형용사절 속에는 주어(~가, ~이)가 남아 있게 되겠지요.

문장 : ~다. ➡	명사구 : [~ㄴ]+명사
난 **그 녀석**이 싫다.	『내가 싫어하는』 **그 녀석**
선생님은 **그 학생**에게 책을 주셨다.	『선생님이 책을 주신』 **그 학생**
선생님은 그 학생에게 **책**을 주셨다.	『선생님이 그 학생에게 주신』 **책**
그녀는 **옛 친구들**이 보고 싶었다.	『그녀가 보고 싶었던』 **옛 친구들**
넌 **그 아이**를 울게 만들었어.	『네가 울게 만든』 **그 아이**
난 **그 초코파이**를 냉장고에 넣어 두었다.	『내가 냉장고에 넣어 둔』 **그 초코파이**
세종대왕이 **한글**을 창제했다.	『세종대왕이 창제한』 **한글**

한국어와 달리 영어는 동사의 목적어를 **문장 앞으로** 보내고 **관계대명사**로 형용사절을 표시해 줍니다.
이때 관계사는 **목적격관계대명사**라고 부르며 사람인 경우 **'who, whom, that'**을, 사람이 아닌 경우 **'which, that'**을 사용합니다.
그리고 주격관계대명사와는 달리 **목적격관계대명사는 생략**할 수 있습니다.
목적격 관계대명사를 생략한 명사구는 **명사** + 『**주어 + 동사~**』의 형태가 되겠지요.

I want to see **my old freinds**.	동사의 목적어를 문장 앞으로	
my old friends 『(who, whom) I want to see』	명사 뒤에 관계대명사	**명사**+『**관계대명사+주어+동사**』
my old friends 『I want to see』	**관계대명사 생략**	**명사**+『**주어+동사**』
I put **the chocopie** in the refrigerator.	동사의 목적어를 문장 앞으로	
the chocopie 『(which, that) I put in the refrigerator』	명사 뒤에 관계대명사	**명사**+『**관계대명사+주어+동사**』
the chocopie 『I put in the refrigerator』	**관계대명사 생략**	**명사**+『**주어+동사**』

형용사절이 수식하는 명사가 비교 대상이 없는 경우 콤마(,)로 구분한다고 배웠었지요.
이 원칙은 목적어를 수식하는 경우에도 마찬가지입니다. 그리고 콤마를 쓰면 목적격관계대명사를 생략할 수 없고 **'that'**은 사용할 수 없습니다.

Hangul, which King Sejong created, is very scientific.	세종대왕이 창제한 한글은 매우 과학적입니다.
Hangul, King Sejong created, is very scientific. (X)	**목적격관계대명사를 생략할 수 없음**
Hangul, that King Sejong created, is very scientific. (X)	**관계대명사 'that'을 사용할 수 없음**

명사구 – 명사 + (목적격관계대명사) [~가 ~하는]

한국어는 (조사 덕분에) 절속의 주어의 위치가 다양할 수 있지만, 영어는 **주어를 적은 후** 동사(~ㄴ)등을 적어 줍니다.

『지난 토요일에 우리가 봤던』 영화 : the movie 『**we** saw last Saturday』

『우리가 지난 토요일에 봤던』 영화 : the movie 『**we** saw last Saturday』

1. 『내가 사랑하는』 the 사람들

2. 『그녀가 부르고 있는』 the 노래

3. 『네가 아는』 the 세상

4. 『내가 싫어하는』 the 유일한 선생님

5. 『내가 너한테 물어보고 싶었던』 the 질문

6. 『네가 오늘 끝내기로 되어있는』 것들

7. 『수민이가 어제 내게 준』 the 지우개

8. 『당신이 상상할 수 있는』 모든 것

9. 『그녀가 포기해야 했던』 그 꿈

10. 『우리가 our 인생에서 깨달아야만 하는』 것들

11. 『내가 믿었던(완료)』 사람들

12. 『내가 the 방학 동안 읽을』 the 책들

13. 『내가 너 때문에 낭비한』 the 시간

14. 『내가 어렸을 때* 내가 그린』 the 호랑이

15. 『수영하기 전에 우리가 하는』 준비운동

16. 『the 책을 읽는 동안 네가 얻은』 the 느낌들

17. 『살 빼려고 그녀가 복용한』 the 다이어트 약

18. 『그걸 사려고 내가 저금해둔』 the 돈

19. 『걸음으로써 네가 소모할 수 있는』 열량

20. 『엄마한테 물어보지 않고 내가 써버린』 돈

낭비하다	waste-d	준비운동	warm-up exercise	복용하다	take-took-taken	열량	calories
그리다	draw-drew-drawn	(느낌) 얻다	get-got-gotten	다이어트 약	diet pill	소모하다	consume-d

명사구 - 명사 + (목적격관계대명사) [~가 ~하는]

1	『네가 학교에서는 배울 수 없는』 것들
2	『내가 ₜₕₑ가장˙ 존경하는』 ₜₕₑ사람
3	『우리가 ₜₕₑ산 위에서 먹은』 김밥
4	『내가 나중에 여행해 보고 싶은』 나라들
5	『내가 ₜₕₑ여름캠프 동안 사귄』 ₜₕₑ친구들
6	『ₐ독후감을 쓰려고 내가 읽은』 ₜₕₑ책
7	『우리가 오늘 오르기로 되어있는』 ₜₕₑ산
8	『졸업 후 내가 만나지 않은⁽ᵂⁿᵉ⁾』 친구들
9	『다람쥐들이 ₜₕₑ땅 밑에 묻어 둔』 도토리들
10	『당신을 죽이려고 그녀가 고용한』 그 킬러

11	『도깨비들이 좋아하는,』 메밀묵
12	『ₜₕₑ바람이 만들어 내고 있는』 ₜₕₑ소리
13	『네가 하루에 마셔야 하는』 물의 ₜₕₑ양
14	『내가 거기서 찍은』 ₜₕₑ사진 속의 ₜₕₑ얼굴들
15	『ₘᵧ할머니께서 내게 들려주신』 옛 이야기들
16	『내가 ₘᵧ왼손으로 쓴』 ₜₕₑ글자들
17	『네가 생각 없이˙ 내뱉는』 말
18	『우리가 멍청하다고 생각했던』 ₜₕₑ녀석
19	『내가 날 보러 올 거라 기대했던』 ₜₕₑ친구들
20	『네가 나한테ᴼ 보라고ᶜ 했던』 ₜₕₑ영화

존경하다	respect-ed	도토리	acorn	고용하다	hire-d	글자	letter
가장	the most	다람쥐	squirrel	도깨비	goblin	내뱉다	spit out
(산) 오르다	climb-ed	묻다	bury-buried	양	amount	생각 없이	without thinking
졸업	graduation	땅 밑에	under the ground	들려주다	tell-told-told		

명사구 – 명사 + (목적격관계대명사) [~가 ~하는]

1. 『내가 잘 모르는』 사람들

2. 『사람들이 요즘 사용하고 있는』 신조어들

3. 『네가 더 이상 입지 않는』 the옷들

4. 『a택시 기사가 the병원에 데려온』 the소년

5. 『네가 이 목록에 더하고 싶은』 것들

6. 『내가 the교실에서 싸우는 걸 본』 the두 녀석

7. 『그의 아버지가 the상 위에 남겨 둔』 the편지

8. 『엄마가 the베란다에 키운』 the싱싱한 상추

9. 『우리가 놓치고 있는』 an중요한 점

10. 『우리가 잊어서는 안 되는』 것들

11. 『a거미가 the창문에 치고 있는』 the거미줄

12. 『내가 the물 속으로 던진』 the작은 돌멩이

13. 『사람들이 버린』 the쓰레기

14. 『내가 내일 입으려고 여기 걸어둔』 the잠바

15. 『네가 전에 만난 적이 있는(완료)』 녀석들

16. 『내가 지금까지 죽인(완료)』 the생명들

17. 『네가 your미소로 행복하게 할 수 있는』 사람들

18. 『the자연이 만들어 놓은(완료)』 the웅장한 풍경

19. 『이순신이 the전쟁 동안 무찌른』 일본 전함들

20. 『우리가 예상하는』 한국의 the미래

신조어	new words	상추	lecttuce	버리다	throw away	풍경	scenery
데려오다	take-took-taken	점	point	잠바	jacket	전함	warship
더하다	add-ed	(거미줄)치다	spin-spun web	걸다	hang-hung	무찌르다	defeat-ed
키우다 (재배)	grow-grew-grown	쓰레기	trash	웅장한	grand	예상하다	predict-ed

1 물론, 난 『내가 사랑하는』 the사람들이O 나 때문에 불행해지는 걸C 원하지 않아.

2 『네가 your눈으로 본』 the세상은 어땠느냐? 『네가 거기서 만나본』 the사람들은 어땠느냐?

3 난 『내가 our학교에서 싫어하는』 the유일한 선생님이 나의 담임선생님이 될 거라고는 전혀 상상도 하지 않았다.

4 『네가 나한테 물어보고 싶은』 any질문들이 있어(Is there~?)? 만약 그렇다면, 넌 망설일 필요 없단다.

5 이 세계에서, 『당신이 상상할 수 있는』 모든 것이 가능하답니다. 이 놀라운 세계로 들어오는 것이 두려우신가요?

6 이 책은 독자들이O 다시 일어서서C 『그들이 포기해야 했던』 the꿈들을 따라가도록C 격려해 줍니다.

7 our선생님께서 우리한테O 다음 월요일까지 『우리가 the방학 동안 읽을』 책들의 a목록을 만들라고C 말씀하셨어.

불행한	unhappy	들어오다	enter-ed	
담임선생님	class teacher	독자	reader	
상상도 하지 않다	never imagine	목록	list	
만약 그렇다면	if so			

명사구 - 명사 + (목적격관계대명사) [~가 ~하는]

---

8 이건 그저 『우리가 수영하기 전에 하는』 the준비운동 같은 거지만, 우린 이 단계를 건너뛰지 않는 편이 좋아.

---

9 그걸 보고 나서, 난 그들을 돕기 위해 『내가 the돼지 저금통에 저금해둔』 모든 the돈을 기부하기로 결정했습니다.

---

10 자연 속에서 노는 것(~ing)은 『우리가 학교에서는 배울 수 없는』 많은 소중한 것들을 우리에게 가르쳐 줍니다.

---

11 난 내가 『우리가 the산 위에서 먹었던』 the김밥의 the맛을 잊을 수 없을 것 같다(I think ~). 그건 정말이지 맛있었어.

---

12 저는 『제가 the여름캠프 동안 사귄』 the친구들 중 몇 명(some)과 여전히 계속 연락하고 있거든요.

---

13 『a독후감을 쓰려고 내가 읽었던』 그 책은 내가 시 쓰는 것에 관심을 갖게 될 정도로* 아주 좋았다.

---

14 우린 『우리가 내일 오르기로 되어있는』 the산 아래서 야영을 할 계획을 하고 있어.

그저 ~같은	just like	기부하다	donate-d	시를 쓰다 write poem
준비운동	warm-up exercise	소중한	valuable	
건너뛰다	skip-ped	~와 계속 연락하다	keep in contact with ~	
단계	step	~에 관심 갖게 되다	get interested in~	

명사구 - 명사 + (목적격관계대명사) [~가 ~하는]

15 홍길동은 『그녀가 널 죽이려고 고용한』 the 킬러의 the 이름이야. 전화해서 그에게° 널 죽이지 말라고ᶜ 부탁해보는 게 어때?

16 도깨비들이° 밤에 the 강가에서 씨름하고 있는 걸ᶜ 본 후, the 노부부는 『도깨비들이 좋아하는』 메밀묵을 만들어 거기 그걸 가져다 뒀다.

17 가을에는, 난 『the 바람이 the 나무들 사이로(through) 불면서 만들어 내는』 the 소리를 들으며 이 벤치에 앉아있는 걸 좋아해.

18 『my 할머니께서 내가 어릴 때 내게 들려주셨던』 the 옛 이야기들은 내 마음 속에 여전히 살아있어. 오늘은 할머니가(her) 그리워.

19 넌 전혀 날 신경 쓰지 않는구나. 『네가 생각 없이 내뱉는』 the 말들이 다른 사람의 기분을 상하게 할 수도 있어.

20 난 『내가 날 보러 올 거라고 기대했던(과거완료)』 그 친구가 나타나지 않아서 하루 종일 슬프고 우울했다.

21 난 『our 선생님께서 우리에게° 읽어보라고ᴼᶜ 말씀하신(과거완료)』 그 책을 샀지만, 난 아직 그걸 손도 대지 않았다.

강가	riverside	~를 신경 쓰다	care about ~
가져다 두다	put-put	상하게 하다	hurt-hurt
살아있다	be alive	우울하다	be depressed
그립다	miss-ed		

20 21 문장의 **동사(~다.)**가 과거의 일이고 **형용사절의 동사(~ㄴ)**는 그 보다 먼저 일어난 일인 경우 절의 동사는 **과거완료(had PP)**로 **시간 차이가 있음**을 표시해 줍니다.

I **ate** the bread she **left** for me.　　시간 차이 없음(먹다 = 남기다)

I **ate** the bread she **had left** for me.　　시간 차이 표시(먹다 ＜ 남기다)

22 우린 여러분이 『여러분이 더 이상 입지 않거나 사용하지 않는』 the옷이나 생활용품들을 우리에게 보내주시면 감사하겠습니다.

23 『a그가 the병원에 데려온』 the소년은 the사고의 the충격으로* 그의 이름 외에는 아무것도 기억하지 못하는 것 같았다.

24 (Is there) 『네가 이 목록에 더하고 싶은』 거(anything) 있니? -- 내가 뭔가 필요하면, 내가 나중에 엄마한테(you) 전화할게요.

25 완득이는 『his아버지께서 the상 위에 남겨두신』 the편지를 읽고 나서* 깊게 한숨을 쉬었다.

26 외식 대신에 『your엄마가 키운』 the상추와 『your할머니가 주신』 the맛있는 김치랑(with) 집에서 삼겹살 먹는 게 어떨까? (How about ~ing?)

27 난 그 아름다운 계곡이 『사람들이 버린』 the쓰레기로(by) a거대한 쓰레기장으로 변해 버린 걸 보고는 슬펐다.

28 목숨을 잃는다는 것은(~ing) 각각의 살아있는 것에게 두렵고 끔찍합니다. 『당신이 지금까지 죽인(완료)』 the생명들에 대해 생각해 보세요.

감사하다	be thankful	~로 변해 버리다	turn-ed into ~
생활용품	household item	거대한	huge
한숨 쉬다	sigh-ed	쓰레기장	dump
외식	eating out	두려운	fearful

끔찍한 horrible

소유격 관계대명사 : whose

문장 속에는 무엇인가를 소유(~의)하는 명사가 있습니다.

이런 문장은 **소유의 명사**(~의)를 수식 받게 하여 명사구로 바꿀 수 있습니다.

한국어는 소유의 명사를 문장 끝으로 보내고 종결어미(~다.)를 형용사형어미(~ㄴ)는 것으로 명사구가 완성됩니다.

문장	➡	명사구
그 애의 ˚삼촌은 깡패야.		『˚삼촌이 깡패인』 그 애
순이 ˚엄마가 여기서 일하신다.		『˚엄마가 여기서 일하시는,』 순이
나는 그 노래의 ˚가사를 모른다.		『내가 ˚가사를 모르는』 그 노래
내가 그 책의 ˚표지를 찢었다.		『내가 ˚표지를 찢은』 그 책

수식 받는 명사와 소유의 관계인 명사를 형용사절 속에서 찾을 수 있겠지요?

삼촌 = 그 애의 ˚삼촌
엄마 = 순이의 ˚엄마
가사 = 그 노래의 ˚가사
표지 = 그 책의 ˚표지

영어는 보통 ('s)를 사용하여 소유를 표현합니다.

따라서 ('s) 대신 **소유격 관계대명사**인 **'whose'**를 사용하여 소유의 형용사절을 만들 수 있습니다.

또 소유격 관계대명사 **'whose'**는 사람과 사물 모두에 사용할 수 있습니다.

	The child**'s** uncle is a gangster.	명사를 문장 앞으로	그 애의 ˚삼촌은 깡패다.
the child	『whose uncle is a gangster』	('s) 대신 whose	『˚삼촌이 깡패인』 그 애
	Sooni**'s** mother works here.	명사를 문장 앞으로	순이의 ˚엄마가 여기서 일하신다.
Sooni	『,whose mother works here』	('s) 대신 whose	『˚엄마가 여기서 일하시는,』 순이
	I don't know the song**'s** lyrics.	명사를 문장 앞으로	난 그 노래의 ˚가사를 모른다.
the song	『whose lyrics I don't know』	('s) 대신 whose	『내가 ˚가사를 모르는』 그 노래
	I tore the book**'s** cover.	명사를 문장 앞으로	내가 그 책의 ˚표지를 찢었다.
that book	『whose cover I tore』	('s) 대신 whose	『˚내가 ˚표지를 찢은』 그 책

✧ **'whose'**를 사용할 때는 수식 받는 명사와 소유의 관계인 명사(삼촌, 엄마, 가사, 표지)를 **'whose'**뒤에 써 주는 것이 중요합니다. 즉, **'whose'**뒤에는 항상 명사가 따라와야 하는 것이지요.

✧ 형용사절을 만드는 관계대명사는 주격, 목적격, 소유격으로 나누어집니다.

관계대명사의 종류	주격 관계대명사	목적격 관계대명사 (생략가능)	소유격 관계대명사
사람을 수식하는 형용사절	who, that	who, whom, that	whose
사람 아닌 것을 수식하는 형용사절	which, that	which, that	whose

명사구 – 명사 + whose

소유의 대상이 되는 명사는 원래 문장의 **주어**인 경우와 **목적어**인 경우로 나누어 볼 수 있습니다.

『형이 경찰인』 그 소년 : the boy 『whose brother is a police officer』　　형 = 주어　　**The boy's brother** is a police officer.

『내가 형을 만났던』 그 소년 : the boy 『whose brother I met』　　형 = 목적어　　I met **the boy's brother**.

1	『⸱어머니께서 ₐ가야금 연주자이신』 ₐ친구	a friend whose mother is a gayageum player
2	『⸱서식지가 파괴되어 버린』 동물들	
3	『⸱지붕이 오렌지 색인』 the집	
4	『⸱얼굴이 여드름으로 뒤덮인』 ₐ소년	
5	『⸱부모가 부유하지 않은』 학생들	
6	『⸱꿈이 ₐ화가가 되는 것인』 ₐ소녀	
7	『⸱표면이 빛을 반사할 수 있는』 an물체	
8	『⸱향기가 우릴º 행복하게ᶜ 해주는』 꽃들	
9	『⸱의견들이 네 의견(yours)과 다른』 사람들	
10	『⸱색이 변하고 있는』 저녁 하늘	
11	『⸱혈액형이 O인』 사람들	
12	『⸱프레임이 알루미늄으로 만들어진』 자전거	

13	『우리가 ⸱잎들을 약으로 사용하는』 식물들	plants whose leaves we use as medicine
14	『내가 ⸱의견을 무시할 수 없는』 한 녀석	
15	『내가 ⸱아들을 울게 했던(울렸던)』 the아줌마	
16	『내가 요즘 ⸱책을 읽고 있는』 ₐ작가	
17	『내가 ⸱배경음악을 좋아하는』 ₐ영화	
18	『내가 어제 ⸱카페에 가입한』 the친구	

서식지	habitat	물체	object	의견	opinion
파괴되다	be destroyed	표면	surface	혈액형	blood type
여드름	pimple	반사하다	reflect-ed	프레임	frame
지붕	roof	향기	scent	알루미늄	aluminum

무시하다	ignore-d
울리다	make cry
배경음악	background music
가입하다	join-ed

명사구 – 명사 + whose

1 난 『*어머니께서 ₐ가야금 연주자인』 ₐ친구가 있어. 그 친구의 어머니께º the학교 축제에서 연주해 달라고ᶜ 부탁해 보면 어떨까?

_____

2 비록 이런 식의 개발이 우리에게는₍for₎ 좋을 수도 있지만, 그건 『*서식지가 파괴 되는』 the동물들에게는 ₐ재앙이 분명해.

_____

3 그때, the문이 열리더니 『*얼굴이 여드름으로 뒤덮인』 소년이 들어왔어. 난 한눈에 그를 알아봤지. 그는 『초등학교 때₍in₎ 날 괴롭히곤

했던』 『the녀석들 중 한명인,』 철수였어.

_____

_____

4 이런 종류의 학교 준비물들은 『*부모님이 부유하지 않은』 the학생들에게 틀림없이 부담스러울 거야.

_____

5 그녀는 한참 동안 그 사진을 들여다보았다. 거기에는₍There₎ 『*꿈이 ₐ화가가 되는 것이었던』 ₐ예쁜 여자애가 있었다.

_____

6 『*향기가 사람들을º 행복하게ᶜ 해 주는』 꽃들을 심고 가꾸는 것은₍to~₎ ₐ좋은 취미야.

_____

7 넌 『*의견들이 네 의견과 다른』 사람들과 거리를 둘 필요는 없어.

_____

_____

축제	festival	한눈에	at a glance	들여다보다	look into	~와 거리를 두다
개발	development	괴롭히다	bully-bullied	취미	hobby	keep one's distance from ~
재앙	disaster	학교 준비물	school supplies	심다	plant-ed	
알아보다	recognize-d	부담스럽다	be burdensome	가꾸다	grow, raise	

8　예를 들면, 사람들은 『*혈액형이 O인』 ₐ사람은 활동적이고 수다스럽다고 말합니다.

9　난 『*프레임이 알루미늄으로 만들어진』 the 자전거를 사고 싶었지만(hope), 그것은 너무 비쌌다.

10　여러분들은 (there) 『우리가 *잎들이나 뿌리들을 약으로 사용할 수 있는』 많은 식물들이 있다는 것을 알고 있나요?

11　철수는 『내가 그 당시에 *의견을 무시할 수 없는』 the 녀석들 중 하나였다.

12　the 태권도장에 가는 길에, 나는 『내가 며칠 전 the 놀이터에서 *아들을 울렸던』 the 아줌마를 만났다.

13　나는 『내가 실수로 *발을 밟았던(과거완료)』 그 녀석이º the 입구에서 날 기다리고 있는 것을ᶜ 발견했다.

14　난 『내가 *배경음악을 좋아하는』 ₐ영화를 몇 번이고 다시 볼 수 있어.

15　어제저녁에 난 『내가 어제 *카페에 가입한』 그 친구로부터 문자 한 통을 받았다.

활동적인	active	밟다	step-ed on
수다스러운	talkative	입구	entrance
~가는 길에	one one's way to ~	몇 번이고 다시	over and over again
태권도장	Taekwondo studio	받다	receive-d, get-got

MEMO

한국어는 주로 명사에 부사격조사(~에, ~에서, ~로, 등)를 붙여 **'시간, 장소, 이유, 방식'**을 표현합니다.

따라서 부사격조사를 뺀 명사(시간, 장소, 이유, 방식)를 문장 끝으로 보내고 종결어미(~다.)를 형용사형어미(~ㄴ, 는)로 바꾸면 쉽게

문장을 **'시간, 장소, 이유, 방식'을 표현하는 명사구**로 만들 수 있습니다.

문장 : ~다.	➡	명사구 : [~ㄴ] +시간,장소,이유,방식 명사
우리는 **그날**(에) 처음 만났다.		「우리가 처음 만난」 **그날**
우리는 **그 공원**에서 축구를 하곤 했다.		「우리가 축구를 하곤 했던」 **그 공원**
난 **그 이유** 때문에 네가 싫다.		「내가 널 싫어하는」 **그 이유**
그녀는 늘 **그런 식**으로 날 대했다.		「그녀가 늘 나를 대했던」 **방식**

영어는 '시간, 장소, 이유, 방법'을 **'전치사+전치사의 목적어'** 형태의 부사구로 표현하는 것이 보통입니다.

따라서 전치사를 뺀 **'전치사의 목적어'**가 문장 앞으로 이동하여 형용사절의 수식을 받는 명사가 될 수 있습니다.

이때 형용사절은 '시간, 장소, 이유, 방식'을 표현하는 **관계부사(when, where, why, that)**로 시작됩니다.

We met first *when* on the day.	전치사의 목적어를 문장 앞으로	
the day 「when we met first」	명사 뒤에 관계부사 when	**시간 명사 + [관계부사 +주어+동사]**
We would play soccer *where* at the park.	전치사의 목적어를 문장 앞으로	
the park 「where we would play soccer」	명사 뒤에 관계부사 where	**장소 명사 + [관계부사 +주어+동사]**
I hate you *why* for the reason.	전치사의 목적어를 문장 앞으로	
the reason 「why I hate you」	명사 뒤에 관계부사 why	**reason + [관계부사 +주어+동사]**
She always treated me *how* in that way.	전치사의 목적어를 문장 앞으로	
that way 「that she always treated me」	명사 뒤에 관계부사 how 대신 that	**way + [관계부사 +주어+동사]**

방식, 방법을 의미하는 의문부사는 **'how'**입니다. 하지만 형용사절(관계부사)에는 **'how'**를 반드시 생략합니다.

그리고 **'how'** 대신 **'that'**을 써 줄 수 있습니다. 이때 **'that'**은 관계부사인 셈이지요.

the **way** 「how they live」 *(X)*	the **way** 「they live」 *(O)*	「그들이 살아가는」 방식
	the **way** 「that they live」 *(O)*	「그들이 살아가는」 방식

관계부사의 생략

이유와 방식의 관계부사 앞에 올 수 있는 명사는 **'reason, way'**뿐이기 때문에 관계부사를 생략해도 쉽게 명사구를 파악할 수 있지요.
즉, 이유와 방식의 관계부사 'why, that' 은 언제든 생략할 수 있습니다.

the **reason** 「why I was late」 (생략가능)	the **reason** 「I was late」	「내가 늦었던」 이유
the only **way** 「that you can find it」	the only **way** 「you can find it」	「네가 그걸 찾을 수 있는」 유일한 방법

시간과 장소의 관계부사는 **'time, moment, day, year'** 뒤의 'when' 과 **'place, somewhere, eveywhere, anywhere'** 뒤의 'where'은 생략할 수 있습니다. 하지만 **구체적인 시간, 장소** 뒤의 'when, where'은 생략하지 않습니다.

time / moment / day / year 「when I was born」	**time / moment / day / year** 「I was born」	「내가 태어난」 때/순간/날/해
place / somewhere 「where you want to go」	**place / somewhere** 「you want to go」	「네가 가고 싶은」 곳 / 어딘가
hospital 「where I was born」	**hospital** 「I was born」 (X)	「내가 태어난」 병원
last Monday 「when he visited us」	**last Monday** 「he visited us」 (X)	「그가 방문했던」 지난 월요일

의문사 명사절과 형용사절의 관계

형용사절을 만드는 데 사용되는 접속사를 관계대명사, 관계부사라고 부르지요. 그리고 관계사들은 명사절을 만드는 **의문사**와 다르지 않습니다.
즉, 의문대명사는 관계대명사로 사용되고 의문부사는 관계부사로 사용되는 것이지요.
그래서 의문사 명사절 앞에 의문사에 해당하는 명사(형용사절의 수식을 받는 명사)를 써 주면 **의문사 명사절**이 형용사절이 되어 버리는 것입니다.

명사절 ⇒	형용사절
that s+v	
whether s+v	
의문사 (~지)	**관계사 (~ㄴ)**
who s+v ⇒	who
whom s+v ⇒	whom
whose s+v ⇒	whose
what s+v	
which s+v ⇒	which
when s+v ⇒	when
where s+v ⇒	where
why s+v ⇒	why
how s+v	that

의문사 명사절 (~지) ⇒	**명사 + 형용사절 (~ㄴ)**
I know **who** can help you.	I know **someone** who can help you.
I know **who/whom** he likes.	I know the **lady** (who/whom) he likes.
I know **whose** face he drew.	I know the **lady** whose face he drew.
I know **which** looks better.	He gave me **one** which looked better.
I remember **when** we met first.	I remember the **day** when we met first.
I know **where** he lives.	I know the **apartment** where he lives.
I know **why** you were late.	I know the **reason** (why) you were late.
I know **how** he is living.	It is the **way** (that) he is living.

명사구 – 시간명사 + when

'time, day, moment, year' 뒤의 관계부사 'when'은 생략할 수 있습니다. 하지만 다른 구체적인 명사들 뒤의 'when'은 남겨 둡니다.

■ 『우리가 만났던』 때 / 날 / 순간 / 해   time / day / moment / year (when) we met「

■ 『우리가 만났던』 일요일 / 날짜 / 그날 아침 / 지난 밤   Sunday / date / morning / night 「**when** we met「

1	『네가 이걸 후회할』 the때
2	『우리가 헤어져야 하는』 the시간
3	『내가 그렇게 행복했던』 a때
4	『우리가 만난』 the처음 시간
5	『내가 널 보았던』 지난 번
6	『니네들이 the컴을 사용하는』 때마다 (every time)
7	『내가 a문제에 직면하는』 매번 (each time)
8	『우리가 이 아파트로 이사 온』 the날
9	『the세상(in) 모두가 행복 속에서 살 수 있는』 날
10	『내가 그 드라이기를 꽂는(과거)』 the순간
11	『내 남동생이 태어난』 the해

12	『a겨울바람이 매섭게 불고 있던』 어느 밤
13	『내가 일찍 일어날 필요 없는』 일요일 아침
14	『모두가 바쁜』 월요일 아침
15	『his엄마가 집에 있는』 오후
16	『일본이 조선을 침략한,』 1592년
17	『네가 스스로 모든 걸 결정할 수 있는』 나이
18	『우리가 다시 만나기로 약속한』 the날짜
19	『the온 세상이 새로운 생명으로 가득한』 봄

헤어지다 (이별)	part-ed	(플러그) 꽂다	plug-ged in	침략하다	invade-d	온 ~	whole ~
~에 직면하다	face-d	드라이기	hair dryer	스스로	for oneself		
이사하다	move-d	매섭게	fiercely	~로 가득하다	be full of		

명사구 – 장소명사 + where

'place, somewhere, everywhere, anywhere' 뒤의 관계부사 'where'은 생략할 수 있습니다. 하지만 다른 구체적인 명사들 뒤의 'where'은 남겨 둡니다.

■ 『우리가 만났던』 곳 / 모든 곳(어디나)　　place / everywhere 『(where) we met』
■ 『우리가 만났던』 공원 / 도서관　　park / library 『**where** we met』

1	『우리가 작년에 캠핑 갔던』 the곳
2	『내가 편히 쉴 수 있는』 the유일한 장소
3	『우리가 학교 끝나고 놀곤 했던』 the곳
4	『이상한 일들이 일어나고 있는』 a곳
5	『많은 사람들이 사진 찍으러 오는』 a장소
6	『높은 아파트들이 지어지고 있는』 the곳
7	『그 UFO가 발견된』 the장소
8	『아무도 날 모르는』 어딘가(somewhere)
9	『내가 a프린터를 사용할 수 있는』 어디(anywhere)
10	『우리가 가는』 어디나(everywhere)

11	『내가 그 돈을 넣어 둔』 the서랍
12	『내가 태어나서 자란』 the조그마한 동네
13	『오직 착한 사람들만이 살 수 있는』 a행성
14	『아이들 키우기가(to~) 힘든』 a나라
15	『낚시가 금지된』 the장소/구역
16	『엄마가 종종 날 데려가곤 했던』 a재래시장
17	『사람들이 담배 피우도록 허락된』 공간
18	『내가 a책을 빌리러 들렀던』 the도서관
19	『우리 언젠가 돌아가야 할』 our마음의 the고향

캠핑 가다	go camping	자라다	grow-grew up	장소, 구역	area
편히 쉬다	relax-ed	행성	planet	금지되다	be banned
서랍	drawer	키우다	raise-d	재래시장	traditional market

공간	space
들르다	drop-ped in
돌아가다	return-ed

명사구 – reason + why, way + that

'reason, way' 뒤의 관계부사 'why, that'은 언제든 생략할 수 있습니다.

1	『네가 the 학교에(for) 지각한』 the 이유
2	『네가 불평해서는 안 되는』 the 이유
3	『my 부모님이 나에 대해 걱정하는』 the 이유
4	『내가 망설이고 있는』 the 이유
5	『담배 끊기가 어려운』 the 이유
6	『the 하늘이 the 낮 동안 푸르게 보이는』 the 이유
7	『우리가 성적으로 평가받아야 하는』 the 이유
8	『그녀가 돈을 그들에게 준』 the 이유
9	『네가 영어가 어렵다고 생각하는』 the 이유
10	『그들이 내게º 공부하라고ᶜ 몰아붙이는』 the 이유

11	『그들이 나를 대하는』 the 방식
12	『부모님이 their 아이들을 사랑하는』 the 방식
13	『사람들이 이 세상을 살아가는』 the 방식
14	『내가 나 자신을 진정시킬 수 있는』 the 방법
15	『그것이 묘사 되는』 the 방식들
16	『네가 the 문제를 극복할 수 있는』 the 유일한 방법
17	『the 미디어가 널º 멍청하게ᶜ 만드는』 the 방식들
18	『a 영화가 만들어지는』 the 방식
19	『식물들이 소통하는』 the 방식들
20	『our 두뇌가 작동하는』 the 방식

불평하다	complain-ed	몰아붙이다	push-ed	미디어	media
걱정하다	worry-ied	~을 진정시키다	calm ~ down	소통하다	communicate-d
평가받다	be judged	묘사되다	be described	두뇌	brain
성적	grades	극복하다	overcome	작동하다	work

명사구 – 명사 + when, where, why, that

1 ₐₙ화난 목소리로₍ᵢₙ₎, 그는 (there) 『내가 그것을 후회할』 때가 틀림없이 있을 거라고 내게 말하고는 끊어버렸다.

2 『우리가 헤어져야 하는』 the시간이 다가오자₍ₐₛ₎, 나는 my슬픔을 감추려고 밝게 미소를 지으려 애썼다. 하지만...

3 『그들이 만난』 the처음 시간부터, 그들은 서로를 이해할 수 있었고 사랑에 빠져 버렸지.

4 『내가 my할머니를 보았던』 지난번에, 난 할머니가 전보다 약간 더 안 좋아 보인다고 생각했었어.

5 『너희들이 the컴퓨터를 사용할』 때마다₍every time₎, 이런₍such₎ 성가신 프로그램들이 설치되잖아.

6 제가 **어떻게** 『우리가 이 아파트로 이사온』 the날을 잊을 수 있겠어요? 우린 정말 행복했었지요.

7 우리가 대놓고 말하지는 않지만, 선한 사람들은 『the세상₍ᵢₙ₎ 모두가 사랑과 행복 속에서 살 수 있는』 the날을 여전히 꿈꾸고 있단다.

(전화) 끊다	hang-hung up	~에 빠지다	fall-fell in ~	대놓고 말하다	speak out
다가오다	approach-ed	더 안 좋은	worse	선한	good, kind
감추다	hide-hid-hidden	성가신	annoying	~을 꿈꾸다	dream of ~
슬픔	sorrow, sadness	설치되다	be installed		

8 『내가 그 드라이기를 꽂는』 the순간에, 난 감전이 되었고 the바닥에 그걸 떨어뜨렸다.

9 『my동생이 태어난』 the해에(in), my아버지는 his직장을 잃었고, 우리 가족은 『the시골에 있는』 my아버지의 고향마을로 이사했다.

10 『a겨울바람이 매섭게 불고 있던』 어느 밤, the마을 사람들은 『그 소녀의 무덤 뒤편의』 the늙은 은행나무가O 기괴한 목소리로(in) 울부짖는 것을C 들었다.

11 난 『my어머니께서 집에 계시는』 the오후에 다시 방문해 달라고C 그 남자에게O 말했다.

12 난 네가 『네가 스스로 모든 것을 결정할 수 있는』 the나이라고(나이에 있다고) 생각해. 넌 더 이상 a애가 아니야.

13 내가 the전화를 끊자마자, 나는 the달력 위에 a빨간 펜으로 『우리가 다시 만나기로 약속한』 the날짜를 동그라미 쳤다.

14 일단 『the산과 들을 덮고 있던』 the눈이 녹아 없어지기 시작하자, 『the온 세상이 새로운 생명으로 가득한』 the봄이 기지개를 켜고 하품하면서* 서서히 its눈을 떴다.

감전되다	get a shock	마을 사람들	village people	동그라미 치다	circle-d	기지개 켜다	stretch-ed
떨어뜨리다	drop-ped	은행나무	ginkgo tree	달력	calendar	하품하다	yawn-ed
바닥	floor	울부짖다	cry out	산과 들	mountains and fields		
시골	countryside	기괴한	eerie	녹아 없어지다	melt away		

15 너 『우리가 지난번에 캠핑 갔던』 the계곡 기억나? 철수 삼촌의 the사과 과수원은 거기서(from) 멀지 않아.

_____

16 내가 어렸을 때, my할머니 집은 『엄마의 잔소리를 듣지 않고* 내가 편히 쉴 수 있었던』 the유일한 장소였어.

_____

17 a거대한 쇼핑몰이 『우리가 학교 끝나고 놀곤 했던』 그곳에 들어서고 있었다(지어지고 있었다.).

_____

18 그 강변은 『코스모스들이 피어 있는』 the시기 동안 『사람들이 사진을 찍으러 오는』 a인기 있는 장소가 되었습니다.

_____

19 사람들이 요즘 이상한 일들이 『그 UFO가 발견된』 the곳 주위에서 일어나고 있다고 하네요(말하네요.).

_____

20 가끔 난 『아무도 날 모르는』 어딘가로 가버리고 싶어. 거기서, 난 새로 내 삶을 시작할 수 있겠지(could).

_____

21 『네가 가는 곳』 어디나, 『네 깊은 본성에서 나오는(from)』 the영원의 빛은 악으로부터 널 지켜주기 위해* 항상 너와 함께 있단다.

_____

과수원	orchard	강변	riverside	영원의	eternal
멀다	be far	피어있다	be in bloom	본성	nature
편히 쉬다	relax-ed	인기 있는	popular	지켜주다	protect-ed
잔소리	nagging	새로, 다시	anew	악	evil

PRACTICE

명사구 – 명사 + when, where, why, that

22 내가 외출하려고 준비가 될 때까지, 나는 『내가 그 돈을 넣어 둔』 the서랍이ᴼ 열려있는 것을ᶜ 발견하지 못 했다.

23 『내가 태어나서 자란』 그 조그마한 동네는 『오직 따뜻한 마음을 가진 사람들만이 살 수 있는』 ₐ행성 같았어요.

24 **어쩌다가** 한국은 『아이들을 기르기가⁽ᵗᵒ⁻⁾ 정말로 힘든』 ₐ나라가 되어버렸을까요⁽ᵂᵃ⁾?

25 내 기억에₍ᵢₙ₎, 『엄마가 종종 날 데려가곤 했던』 그 조그마한 시장은 『재미있고 신나는 것들로 가득 찬』 ₐ곳이었어요.

26 『사람들이 담배 피우도록 허락된』 the장소는 흡연구역이라고 불리지요.

27 『내가 직접 경험한』 이 신비롭고 이상한 이야기는 『내가 지난여름 책들을 빌리려고 들렀던』 the도서관에서 일어났다.

28 『순수한 사랑이 숨 쉬고 있는』 『ₒᵤᵣ깊은 마음 속』 그곳이 『우리가 언젠가 돌아가야만 하는』 ₒᵤᵣ마음의 the고향이지요.

준비되다	get ready	기억	memory	흡연구역	smoking area	순수한	pure
외출하다	go out	~로 가득 차다	be filled with ~	신비로운	mysterious	숨 쉬다	breathe-d
~같다	be like ~	재미있는	funny	경험하다	experience-d		
어쩌다가	how ~	신나는	interesting	직접	oneself		

29 『네가 지각한』 the 이유를 알고 싶지도 않아. 너 **몇 번이나** 네가 지각하지 않겠다고 약속했었는지^(완료) 기억이나 해?

30 그는 『내가 그런 것들에 대해서 불평해서는 안 되는』 the 이유를 내가^O 이해하도록^C 만들려고 애썼다.

31 물론, 난 그들이 『내가 망설이고 있는』 the 이유를 알고 싶어 한다는 것을 알았지만, 난 the 끝까지 침묵했다.

32 『 the 하늘이 the 낮 동안 푸르게 보이는』 『 the 이유를 설명할 수 있는』 사람^(anyone) 있어? (Is there ~?)

33 아무도 『우리가 our 성적으로 평가받아야 하는』 the 이유를 우리에게 말해주지 않아요.

34 난 『그녀가 내게 the 돈을 준』 the 이유를 모르겠어.

35 이것이 『여러분들이 영어가 어렵다고 생각하는』 the 이유랍니다.

36 『그들이 내게^O 공부하라고^C 몰아붙이는』 the 이유는 그들이 『그들이 살아가고 있는』 the 세상을 두려워하기 때문이야.

(reason is because~)

몇 번이나	how many times
침묵하다	keep silent
끝까지	to the end
~로 평가받다	be judged by ~

---

37 전 『_my_선생님들과 부모님이 저를 대하는』_the_방식에 진절머리가 나요.

---

38 『_the_세상의』 모든 부모들은 예외 없이 _their_자신의 아이들을 사랑하지만, 『그들이 _their_아이들을 사랑하는』_the_방식들은 다르지요.

---

39 (There)『사람들이 이 세상을 살아가는』 방식들과 『사람들이 이 세상을 바라보는』 많은 다른 방식들이 있습니다.

---

40 화나거나 슬플 때 _your_마음 속에 이 구절을 암송하는 건(~ing) 『네가 스스로를 진정시킬 수 있는』_a_좋은 방법일 수 있어.

---

41 **왜** 년 이것이『네가 그 문제를 극복할 수 있는』_the_유일한 방법이라고 생각하는 거냐?

---

42 그것이 『_the_미디어가 널° 멍청하게ᶜ 만드는』_the_방식들 중 하나지.

---

43 이 수업에서, 우린 『_a_영화가 만들어지는』_the_방식에 대해서 배워보고 짧은 영화 하나를 만들어볼 예정입니다.

---

44 『식물들이 소통하는』_the_방식들은 우리가 생각하는 것 보다' 훨씬 더 다양하고 섬세합니다.

~에 진절머리 나다	be sick / tired of ~	구절	phrase	소통하다	communicate-d
예외	exception	~를 진정시키다	calm ~ down	다양하다	be diverse
암송하다	recite-d	극복하다	overcome	섬세하다	be delicate

7 전치사+관계대명사(which, whom)

관계부사 'when, where, why, that'은 주로 **부사구**(전치사+전치사의 목적어)의 의미를 대신해서 사용했습니다.

하지만 영어는 전치사를 그대로 남겨둔 형용사절을 만들 수도 있습니다.

특히 전치사를 남겨두지 않으면 의미가 제대로 전달되지 않는 경우가 많기 때문에 꼭 알아두어야 하겠습니다.

I saw the picture **in** a book.	난 책**에서** 그 그림을 봤어.
a book which/that I saw the picture **in**	(1) 전치사는 그 자리에 남겨 둡니다. 「내가 그 그림을 본」 **책**
a book (　　) I saw the picture **in**	(2) 이때는 관계대명사는 생략할 수 있습니다. (전치사의 목적어를 대신한 목적격이기 때문에)
a book **in** which I saw the picture	(3) 전치사가 관계대명사 앞으로 이동하면 관계대명사를 생략할 수 없습니다.

I study **with** my friends.	난 내 친구들**과** 함께 공부한다.
my friends who/whom I study **with**	(1) 전치사는 그 자리에 남겨 둡니다. 「내가 함께 공부하는」 **친구들**
my friends (　　) I study **with**	(2) 이때 관계대명사는 생략할 수 있습니다.
my friends **with** whom I study	(3) 전치사가 관계대명사 앞으로 이동하면 관계대명사를 생략할 수 없습니다.

전치사가 관계대명사 앞으로 이동하면 [전치사 + 관계대명사] 형태가 되겠지요.

이때 관계대명사는 '**which, whom**' 두 가지만 사용해야 합니다. 즉, 'that, who'는 사용할 수 없습니다.

그러니까 [**전치사 + which**] [**전치사 + whom**] 두 가지 형태만 사용해야 하는 것이지요.

보통 (1) 형태의 형용사절보다는 (2)와 (3) 형태를 많이 사용합니다.

물론 [전치사 + 관계대명사]를 관계부사로 바꾸어도 의미가 분명하다면 앞에서 공부한 **관계부사**를 사용할 수 있습니다.

전치사가 필요한 명사구	전치사 남겨두기	전치사+which/whom
「우리가 (옆에서) 야영했던」 **강**	the river 「we camped **by**」	the river 「**by** which we camped」 └ where ┘
「그가 (밑에서) 잠들었던」 **나무**	a tree 「he fell asleep **under**」	a tree 「**under** which he fell asleep」
「꽃들이 피는」 **계절**	the season 「flowers bloom **in**」	the season 「**in** which flowers bloom」 └ when ┘
「우리가 (그것에 대해) 이야기한」 **문제**	the problem 「we talked **about**」	the problem 「**about** which we talked」
「그가 (함께) 머물렀던」 **사람**	the person 「he stayed **with**」	the person 「**with** whom he stayed」
「그녀가 (에게서) 이걸 배운」 **여자**	the woman 「she learned it **from**」	the woman 「**from** whom she learned it」

1	『ₐ양이 들어 있는₍ᵢₙ₎』 ₐ상자	a box a sheep is in a box in which a sheep is
2	『우리들이 서 있는₍ₒₙ₎』 the 행성	
3	『그 계곡이 갈라지는₍ₐₜ₎』 the 지점	
4	『네가 your 목표를 성취하는₍by₎』 수단	
5	『우리가 경쟁하는₍for₎』 것들	
6	『쥐들이 들락날락할 수 있는₍through₎』 ₐ구멍	
7	『아이들의 상상력이 자라는₍during₎』 기간	
8	『우리가 기다리고 있던₍for₎』 소식	
9	『사람들이 싸워오고 있는₍for₎ ⁽완료진행⁾』 정의	
10	『내가 그 폰을 놓아 둔₍ₒₙ₎』 의자	

양	sheep	갈라지다	divide-d	경쟁하다	compete-d	기간	period
행성	planet	수단	means	구멍	hole	자라다	grow-grew-grown
지점	point	성취하다	achieve-d	쥐, 쥐들	mouse, mice	정의	justice
계곡	valley	목표	goal	들락날락하다	go in and out		

11 『우리가 걱정할 필요 없는_(about)』 무엇

12 『네가 _{the} 정보를 얻을 수 있는_(from)』 출처

13 『그가 그 개를 때린_(with) 』 _{the} 몽둥이

14 『누구도 (그것 없이는) 살 수 없는_(without)』 물

15 『그 소년이 _a돌멩이를 던진_(to) 』 _{the} 개구리

16 『그 개구리가 뛰어든_(into) 』 _{the} 물

17 『키 큰 나무들이 심어져 있는_(around)』 _{the} 집

18 『_{the}프로젝트가 완성돼야 할_(by) 』 _{the} 날짜

19 『(그 후에) 모든 것이 변해버린_(after) 』 _{the} 사고

20 『자동차들이 주차되어 있는_(along) 』 _{the} 거리

정보를 얻다	get information	날짜	date	거리	street
출처	source	프로젝트	project	주차되다	be parked
몽둥이	stick, club	완성되다	be completed		
때리다	hit-hit	사고	accident		

명사구 – 전치사 + whom

#	한국어	영어
1	『네가 your 아이디어를 나눌 수 있는(with)』 사람들	people you can share your idea with people with whom you can share your idea
2	『우리가 (없이) 그걸 해낼 수 없는(without)』 누군가	
3	『내가 (그를 위해서) 무엇이든 할(for)』 친구들	
4	『네가 그 이야기를 말한(to)』 사람들	
5	『그녀가 (그에 대해서) 말하고 있던(about)』 그 남자	
6	『그가 사랑에 빠진(with)』 그 여자	
7	『사람들이 (주위에) 모여든(around)』 그 소녀	
8	『내가 어떻게 시를 쓰는지 배운(from)』 the 선생님	
9	『이 음식이 위험할 수도 있는(for)』 사람들	
10	『내가 흥미가 있었던(in)』 the 유일한 사람	

나누다, 공유하다	share-d	모여들다	gather-ed	
해내다	make it	시	poem(s)	
~에게 이야기하다	talk to ~	흥미가 있다	be interested in ~	
사랑에 빠지다	fall-fell in love			

1 ₜₕₑ어린 왕자는 『내가 그린』 ₜₕₑ양을 좋아하지 않았다. 그래서 난 『ₐ양이 (안에) 들어 있는』 ₐ상자를 그려서 그에게 그걸 줬다.

2 약 한 시간 동안˚ 걸어 내려가면, 당신들은 『이 계곡이 (그것에서) 갈라지는』 ₜₕₑ지점에 도달하게 될 겁니다. 거기서...

3 갑자기 『우리가 (그것을 위해) 경쟁하고 있는』 대부분의 것들이 내게는 가치 없어 보인다.

4 『ₜₕₑ산 위의』 ₜₕₑ눈이 녹아 없어지기 시작했음에도, 『사람들이 기다리고 있던』 그 소식은 도착하지 않았지요.

5 『사람들이 (그것을 위해) 싸워오고 있는⁽ᵂᵃⁿ료진행⁾』 ₜₕₑ정의라는 것은 무엇인가요?

6 ₜₕₑ농부는 ₜₕₑ방의 한 구석에서 『쥐들이 (그걸 통해) 들락날락할 수 있는』 ₐ구멍을 발견하고는 그 구멍 앞에 ₐ쥐덫을 설치했다.

7 내가 ₜₕₑ공을 찾으러˚ 그 뒷마당에 들어섰을 때, 그 남자는 『그가 (그걸 가지고) ₜₕₑ개를 때리던』 ₜₕₑ몽둥이를 든 채˚ 거기 서 있었다.

난 숨조차 쉴 수 없었다.

어린 왕자	little prince	~에 도달하다	reach-ed	설치하다	set-set
양, 양들	sheep	가치 없는	worthless	쥐덫	trap
그리다	draw-drew-drawn	녹아 없어지다	melt away	~에 들어서다	get into ~
걸어 내려가다	walk down	~의 한 구석	a corner of ~	뒷마당	backyard

명사구 – 명사 + 전치사 + which, whom

8 『그 소년이 (그것 에게) 돌멩이를 던진』 그 개구리는 그것의 커다란 입으로 그걸 받더니 the물 속으로 뛰어들어가 버렸다.

9 그 길을 따라 쭉 와서 the교회에서 왼쪽으로 돌아. 그러면 넌 『소나무들이 (주위에) 심어져 있는』 a집을 보게 될 거야.

우리 집은 그 집 뒤에 있어.

10 『모든 것이 (그 후) 변해버린』 a끔찍한 사고가 있었지요.

11 the그늘에 앉아, 우린 『자동차들이 (쪽) 주차되어 있는』 the길 위로 꽃 비가° 내리고 있는 걸OC 지켜봤다.

12 그래서, 넌 이게 『우리가 (그것에 대해) 걱정할 필요가 없는』 뭔가라는 의미인 거야?

13 만약 『당신이 당신의 아이디어를 (함께) 나눌』 any사람들이 없다면, 당신은 슬프게 느껴지겠지요.

14 비록 난 그 녀석과 함께 일하는 게 정말 싫었지만, 그는 『우리가 (그 없이는) 그걸 해낼 수 없는』 사람(someone)이었다.

받다	receive-d	그늘	shade
돌다	turn-ed	꽃 비	a rain of flower
왼쪽 / 오른쪽으로	left / right	내리다	fall down
교회	church	의미다	mean-meant

15 난 그들이 『내가 (그들을 위해) 무엇이든 할』 내 친구들이라고 생각했었어(완료).

16 난 『그녀가 (그에 대해) 말하고 있던』 그 남자가 너였을 거라고는 상상조차 못했었다.

17 그 여신은 『그녀가 사랑에 빠지는』 그 남자에게 그 깃털을 주라고ᶜ the공주에게º 말해줬지.

18 그 왕자는 『사람들이 (주위에) 모여든』 그 소녀가 **누군지** 궁금했다.

19 먼저, 저는 『제가 (그에게서) 어떻게 시를 쓰는지 배운』 그 선생님께 감사하고 싶군요.

20 (There) 『이 음식이 (그들에게) 위험할 수도 있는』 사람들이 있다는 걸 기억하세요.

21 (There) 내가 거기 머무르는 동안˙ 내 주위에는 많은 사람들이 있었다. 하지만 『항상 조용했던』 그 소년이 『내가 관심 있었던』 the유일한 사람이었다.

여신	goddess
깃털	feather
~에 감사하다	thank-ed ~
조용하다	be silent

8 명사를 수식하는 부정사 : ~할, ~해야 하는

우리는 한국어의 경우 절의 주어가 필요 없다면 생략하면 그만이라는 것과 그 이유를 알고 있습니다.

또 영어의 절은 주어를 생략할 경우 절의 동사를 반드시 준동사로 바꾸어 주어야 한다는 것도 알고 있지요.

이 원리는 '~할, ~해야 하는, ~할 수 있는'의 의미를 가진 형용사절에도 적용될 수 있습니다.

영어는 '~할, ~해야 할, ~할 수 있는'의 의미를 가진 **형용사절을 부정사구의 형태로 간단히** 할 수 있습니다.

즉, 형용사절 속에 'will, should, can, 등'의 표현이 있으면 형용사절을 부정사구로 간단히 표현할 수 있다는 뜻이지요.

명사 + 형용사절 ➡	명사 + 부정사구
『날 도와줄』 **친구들**	『날 도와줄』 **친구들**
『네가 읽을』 **책**	『읽을』 **책**
『우리가 초대할』 **사람들**	『초대할』 **사람들**
『내가 떠나야 할』 **시간**	『떠나야 할』 **시간**
『우리가 머무를』 **곳**	『머무를』 **곳**
『우리가 사랑해야 하는』 **이유**	『사랑해야 하는』 **이유**
『네가 영어를 마스터할 수 있는』 **방법**	『영어를 마스터할 수 있는』 **방법**

명사 + 형용사절 ➡	명사 + 부정사구
friends 『who will help me』	**friends** 『to help me』
book 『I will read』	**book** 『to read』
people 『we will invite』	**people** 『to invite』
time 『when I should leave』	**time** 『to leave』
place 『where we will stay』	**place** 『to stay』
reason 『why we have to love』	**reason** 『to love』
way 『you can master English』	**way** 『to master English』

◆ 명사 + 부정사 (~할, ~하는, ~한다는, ~하려는) ◆	
wish to ~	~하려는(싶은) **바람, 소망**
desire to ~	~하려는(싶은) **욕구, 욕망**
dream to ~	~하려는(싶은), 하는 **꿈**
decision to ~	~한다는 **결정**
promise to ~	~한다는 **약속**
plan to ~	~하려는, 한다는 **계획**
attempt to ~	~하려는 **시도**
effort to ~	~하려는 **노력**
need to ~	~할 **필요**(성)
chance to ~	~할 **기회**
right to ~	~할 **권리**
duty to ~	~할 **의무**
ability to ~	~할 **능력**
power to ~	~할 **힘, 권한, 능력**
time to ~	~할 **시간**
place to ~	~할 **장소**(곳)
reason to ~	~할, ~하는 **이유**
way to ~	~할, ~하는 **방법**

✧ 몇몇 명사는 형용사절과 상관없이 습관적으로 '~할, ~하는, ~한다는, ~하려는, ~할 수 있는, 등'의 의미를 가진 부정사구와 함께 명사구를 만들 수 있습니다. 이 명사구들은 사용하기 편리하고 또 자주 사용되니까 꼭 익혀두세요.

명사구 – 명사 + 부정사

부정사의 수식을 받는 명사는 동사의 주어이거나 목적어 입니다. 하지만 목적어가 수식 받는 경우가 훨씬 많습니다.

『**우리를** 도와줄』 사람들[주어]	people 『to help **us**』	people 『who will help **us**』
『도와주어야 할』 사람들[목적어]	people 『to help 』	people 『(who) we should help』

1. 『너 대신 그 역할을 맡을』 누군가[someone]

2. 『이 이야기를 믿을』 사람들

3. 『이 수학문제를 풀어볼』 누군가[anyone]

4. 『the분위기를 띄워줄』 무엇인가[something]

5. 『사랑할』 누군가

6. 『먹을』 것[something]

7. 『오늘 만나야 할』 사람들

8. 『배워야 할』 많은 것들

9. 『지금 당장 해야 할』 일[work]

10. 『내 생일 파티에 초대할』 친구들

11. 『너한테 빌려줄』 돈

12. 『너에게 말할』 어떤 것도[nothing]

13. 『the산 위에서 입을』 따뜻한 옷

14. 『the여행 중에[on] 쓸』 돈

15. 『다음 월요일까지 외워야 할』 단어들

16. 『무대 위에서 부를』 노래들

17. 『거기 가기 위해 건너야 할』 the강

18. 『네가 화날 때마다˙ 기억해야 할』 한 가지

19. 『우리가 떠나기 전에˙ 봐야 할』 것들

역할을 맡다	take the role	분위기	mood	외우다	memorize-d	건너다 cross-ed
띄우다	liven up	빌려주다	lend-lent	무대	stage	

명사구 – 명사 + 부정사

습관적으로 부정사와 결합하는 명사들은 꼭 익혀두세요.

1	『ₐ킹카가 되고자 하는』 바람(소망)		wish to
2	『혼자 있고 싶은』ₐ바람		desire to
3	『더욱 더 많이 가지려는』 the욕구		dream to
4	『행복하고자 하는』ₐ욕구		decision to
5	『권력을 얻으려는』 욕망		promise to
6	『자유롭게 우주를(in) 여행하는』 꿈		plan to
7	『우리 소유의 집을 갖고 싶은』 my가족의 꿈		attempt to
8	『시골로 이사 간다는』 the결정		effort to
9	『모든 the학원을 그만둔다는』 the결정		need to
10	『곧 the돈을 갚겠다는』 the약속		chance to

right to
duty to
ability to
power to
time to
place to
reason to
way to

11	『더 이상 술 마시지 **않**겠다는』 그의 약속 ＊	
12	『나한테 ₐ강아지를 사주겠다는』 the약속	
13	『그들이 깨기 전에 떠나려는』 계획	
14	『그곳에 an생태공원을 조성할』 the계획	
15	『내 처지를 이해하고 날 도우려는』 시도	
16	『그녀가º her마음을 바꾸게ᶜ 하려는』 the시도	
17	『학생들과 소통(교류)하려는』 노력	
18	『our사회를º 더 공정하게ᶜ 만들려는』 노력	
19	『좋은 책들과 가까워질』 필요(성)	
20	『네 힘을 과시할』 필요	

＊ ~하지 않겠다는 약속 : promise not to ~

더욱더 많이	more and more	학원	institute	처지(상황)	situation	가까워지다	get close
권력을 얻다	take power	갚다	pay back	소통(교류)하다	interact-ed	과시하다	show off
소유의	own	조성하다	create-d	사회	society	힘	strength
시골	the country	생태공원	ecology park	더 공정한	fairer		

1	『네가 **무엇을** 할 수 있는지 보여줄』 기회	**wish** to
2	『걔네들과 친구가 될 수 있는』 ₐ좋은 기회	**desire** to
3	『꿈꾸고 상상할』 the 권리	**dream** to
4	『ₐ인간으로서 존중받을』 the 권리	**decision** to
5	『the 약자들을 보호하고 돌보아야 할』 의무	**promise** to
6	『the 경찰에 알려야(tell) 할』 의무	**plan** to
7	『미래 사건들을 예견하는』 능력	**attempt** to
8	『갑작스러운 변화들에˙ 적응할 수 있는』 능력	**effort** to
9	『모든 상처들을 치유하는』 초 자연적 힘	**need** to
10	『사람들을º 행복하게ᶜ 만드는』 특별한 힘	**chance** to
		right to
		duty to
		ability to
		power to
		time to
		place to
		reason to
		way to

11	『자러˙ 갈』 시간
12	『이렇게 놀 수 있는』 시간
13	『그의 인생의 the 나머지를(여생을) 보낼』 곳
14	『주차할』 곳
15	『그가 말한 것을 따라야 할』 이유
16	『실망할』 이유
17	『너의 본성을 보려 노력해야 하는』 이유
18	『그 문제를 해결할』 방법
19	『학업으로부터의 the 스트레스를 푸는』 방법들
20	『행복할 수 있는』 the 최선의 방법

존중받다	be respected	예견, 예측하다	predict-ed	치유하다	heal-ed
인간	human	사건(일)	event	상처	wound
돌보다	care for	적응하다	adapt-ed	여생	the rest of one's life
약자들	the weak	초 자연적인	supernatural	주차하다	park-ed

실망하다	be disappointed
본성	nature
스트레스 풀다	relieve stress
학업	studying

명사구 – 명사 + 부정사

1. 네가 내일까지 『너 대신 그 역할을 맡을』 누군가를 찾으면, 난 네가^O 거기 가도록^C 허락하겠다.

2. (there) 『이 이야기를 믿어 줄』 사람이 아무도 없다는 것이 나한테는 문제가 되지 않아(상관없어.).

(~할 사람이 아무도 없다. : There is no one to ~)

3. 『이 수학문제 풀어 볼』 사람^(anyone) 있니? 우리 지난번에 **어떻게** 방정식들을 세우는지 배웠잖아.^(완료)

4. 우리는 사람들이^O 지루해지고 있다는 걸^C 느꼈고, 그래서 우린 『_{the}분위기를 띄워줄』 무엇인가가 필요했다.

5. 네가 자라서 『사랑할』 누군가를 만났을 때, 『널 둘러싸고 있는』 모든 것들은 훨씬 더 아름답게 보일 거야.

6. _{my}엄마가 일하러 나간 후에, 난 일어나서 _{the}냉장고와 부엌을 뒤져봤지만, 거기에는 『먹을』 게 아무것도^(nothing) 없었다.

7. 그런_(those) 쓸데없는 것들에 대해 생각 그만^(stop)하고 『지금 당장 해야 할』 _{the}일에나 집중해.

문제 되지 않다	It does not matter	자라다(성장)	grow-grew-grown up	부엌	kitchen
방정식을 세우다	set up equation	둘러싸다	surround-ed	쓸데없는	useless
지루해지다	get bored	뒤지다	go through	~에 집중하다	focus on ~
분위기를 띄우다	liven up the mood	냉장고	refrigerator		

명사구 – 명사 + 부정사

8 네 상황을 이해하지만, 난 『네게 빌려줄』 돈이 없다. 철수한테 부탁해보지그래?

9 그 남자가 그녀의 손을 붙잡자(when), the손을 뿌리치면서* 그녀는 "난 『더 이상 당신한테 할』 말 없어요."라고 차갑게 말했다.

10 『the산 위에서 입을』 따뜻한 옷 준비하는 거 잊지 마. (It) 네가 생각하는 것보다 훨씬 더 추울 거야.

11 『the여행 중에 쓸』 돈을 좀 남겨두는 편이 좋아. 네가 지금 그 돈을 몽땅 써버리면, 넌 거기서 your손가락만 빨아야 할걸.

12 『the무대 위에서 부를』 the노래들을 고르는데만(just to~) 몇 시간이 걸렸다. 우리들 각자는 너무 강한 개성을 가진 것 같았다.

13 『화가 올라올 때* 기억해야 할』 한 가지는 당신이 your마음의 the주인이라는 거예요. 그게°your주인이 되게ᶜ 하지(let) 마세요.

14 서둘러! (There) 『우리가 떠나기 전에* 봐야 할』 것들이 아주 많아. 이렇게(such) a좋은 기회는 절대 다시 오지 않아.

상황	situation	뿌리치다	shake-shook off	빨다	suck-sucked	올라오다	arise-arose-arisen
부탁하다	ask-ed	할 말(없다)	nothing to say	고르다	choose-chose-chosen	주인	owner
붙잡다	hold-held	준비하다	prepare-d	개성	personality		
차갑게	icily	~을 몽땅	all the ~	화	anger		

15 「ₐ킹카가 되고자 했던」 나의 바람(소망)은 산산조각 났다.

(산산조각 나다 : be broken into pieces)

16 난 「ₐ문제를 일으키려는」 의도는 없었어. 난 그저 내ᵃ가 이 모임에 참석할 수 있는지 물어보려고 온 거야.

17 제ᵃ가 처음 그를 봤을 때, 그는 「배우고자 하는」 the욕구로 불타고 있는」 ₐ청년이었지요.

18 사람들이 「행복하고자 하는」 욕구를 갖고 그것을 해내려고 노력하는 건 당연해. 넌 그걸 비웃으면 안 돼.

19 당신은 「자유롭게 우주를 여행하는」 the꿈이 the가까운 미래에 실현될 거라고 믿나요?

20 물론, 「모든 학원들을 그만둔다는」 the결정을 내리기가 (to~) 쉽지는 않았어. 그건 내게는 ₐ위험한 모험처럼 보였지.

21 my가족 중 누구도(none) my아버지가ᵒ 「다시는 술을 마시지 않겠다는」 the약속을 지킬 거라고ᶜ 기대하지 않았다.

22 "「내 생일날 나한테 ₐ스마트폰 사준다는」 the약속은 **뭐**였어요?" 나는 my어머니께 my목소리를 높였다.

| ~에 참석하다 | attend-ed ~ | ~을 비웃다 | laugh at ~ | 결정을 내리다 | make decision | 모험 | adventure |
| 청년 | young man | 실현되다 | come true | 위험한 | risky | 높이다 | raise-d |

명사구 – 명사 + 부정사

23 우린 『 his생일날 우리 선생님을 놀래 킬 』 a계획을 짜기 위해* 철수 집에서 모이기로 되어 있었다.

24 적어도, 그가 a선생님이면, 그는 『그 학생의 처지를 고려하고 그녀를 도우려는』 an시도를 했어야 했다(하지만 하지 않았다.).

25 선생님들이 『학생들에게 다가가서 그들과 소통(교류)하려는』 노력들을 하는 것은 무척이나 중요합니다.

26 그렇게 하려면, 우리가 『 our사회를 O 공정하고 깨끗하게 C 만들려는』 노력들을 하는 것을 절대 포기하지 않는 것이 필수적입니다.

27 우리들 역시 『좋은 책들과 가까워질』 the필요성을 공감합니다. 하지만 여러분도 알다시피, 우린 너무 바쁩니다.

28 (There) 『네 친구들에게 your힘을 과시할』 필요는 없어. 그건 걔네들이 O 널 a양아치로 생각하게 C 만들 뿐이야.(just)

29 그녀는 "난 『 the고통받는 사람들을 도울 수 있는』 a기회를 가져서 정말 행복하다." 라고 스스로에게 생각했다.

모이다	get together	필수적이다	be essential
적어도	at least	공감하다	share-d
시도를 하다	make attempt	과시하다	show off
노력을 하다	make effort	양아치	a bully
~에게 다가가다	approach-ed ~	고통받는	suffering

24 "~했어야 했는데 하지 않았다"는 "should have PP"로 표현합니다.

그걸 봤어야 했는데.	You **should have seen** it.
그걸 안 봤어야 했는데.	You **should not have seen** it.
우린 만났어야 했어.	We **should have met** there.
만나지 말았어야 했어.	We **should not have met** there.

30 난『걔네들과 친구가 될 수 있는』the 기회를 잃고 싶지 않았다.

31 『이 세상의』그 누구도 너에게서『꿈꾸고 상상할』the 권리를 빼앗아갈 수는 없어.

32 당신처럼, 나 역시 누구나가『ₐ인간으로서 존중받을』the 권리가 있다고 믿습니다.

33 우린 우리가『the 약자들을 보호하고 돌보아야 할』the 의무를 소홀히 하고 있지는 않은지에 대해 생각해 볼 필요가 있어.

34 우리 our 아이들이º『다른 이들을 배려하고 함께 살아가는』the 능력을 기르도록ᶜ(개발해야) 격려하고 있을까?

35 다행스럽게도 대부분의 살아있는 것들은『갑작스러운 변화들에 적응하는』the 능력을 갖고(with) 태어납니다.

36 넌 (there) 이 세상에『모든 상처들을 치유할 수 있는』『초자연적인 힘을 가진(with)』사람들이 있다고 믿느냐?

37 그녀는『사람들을º 행복하게ᶜ 만드는』ₐ특별한 능력을 가진 것 같아. 난 그녀와 함께 있으면 늘 행복하거든.

잃다, 놓치다	lose-lost, miss-ed	소홀히 하다	neglect-ed	배려하다	consider-ed
빼앗아가다	take-took-taken	개발하다	develop-ed	~와 함께 있으면	with ~

명사구 – 명사 + 부정사

38 내가 어렸을 때는, 난 내가 엄마가^O " 『잘』 시간이야."라고 말하는 걸^C 들을 때 기분이 좋았어요.

39 네가 원하는 만큼* 지금 즐기렴. 네가 고등학교에 들어가고 나면, (there) 『이렇게 놀』 시간이 없을 거야.

40 저희 부모님은 『그들의 인생의 the 나머지를(여생을) 보낼』 곳으로 a 작은 시골마을을 이미 골라 두셨어요. (완료)

41 a 축제가 그 공원 주위에서 열리고 있었고, 그래서 『주차할』 a 곳을 찾기가 (to~) 쉽지 않았다.

42 『그가 말한 것을 따라야 할』 any 이유가 있어? 난 『이 문제를 해결 할』 a 방법을 생각해 내는 게 (to~) 먼저라고 생각해.

43 『학업으로부터의 the 스트레스를 푸는』 당신의 방식은 **무엇**인가요? 당신이 한 가지를 가지고 있다면, 우리한테 말해 주세요.

44 넌 『the 온 우주를 포용하는』 『the 마음을 가진』 a 인간 존재이며, 그것이 『너의 본성을 보려고 노력해야 하는』 the 이유란다.

~하는 만큼	as much as ~	시골마을	country village	열리다	be held	인간 존재	human being
~에 들어가다	enter-ed ~	축제	festival	생각해 내다	think up	포용하다	embrace-d

9

명사 + [to ~ + 전치사] : 전치사를 가진 부정사구

형용사절의 의미가 'will, should, can'이고 주어를 생략할 수 있다면 형용사절을 부정사구로 간단히 표현할 수 있습니다.

그런데 형용사절이 전치사의 목적어인 명사를 수식한다면 형용사절에 전치사가 남게 됩니다.

그리고 전치사가 남아 있는 형용사절을 부정사구로 간단히 하면 부정사구에도 전치사가 남게 되겠지요.

명사+형용사절+전치사	➡	명사+부정사구+전치사	
friends 「you will go there with」		**friends** 「to go there with」	「거기 함께 갈」 **친구들**
something 「you should worry about」		**something** 「to worry about」	「걱정해야 할」 **어떤 것**
someone 「you can talk to」		**someone** 「to talk to」	「이야기할 수 있는」 **누군가**
chair 「you will sit down on」		**chair** 「to sit down on」	「앉을」 **의자**

물론 이런 형태의 명사구에서 한국어는 전치사의 의미가 대부분 사라집니다.

전치사는 한국어의 부사격조사에 해당하는데 명사 없이 부사격조사를 쓸 필요가 없기 때문이지요.

하지만 영어는 전치사를 함부로 없앨 수는 없기 때문에 전치사가 남아있는 부정사구가 명사를 수식하게 되는 것이지요.

	명사+부정사구+전치사
「(with)함께 놀」 **친구**	**friends** 「to play with」
「(with)함께 네 문제에 대해 이야기 할」 **사람**	**person** 「to talk about your problem with」
「(for)기다려야 할」 **누군가**	**someone** 「to wait for」
「(about)돌보아야 할」 **아이들**	**children** 「to care about」
「(about)생각해 볼」 **문제**	**problem** 「to think about」
「(in)알을 낳을」 **둥지**	**nest** 「to lay eggs in」
「(at)비웃을」 **누군가**	**someone** 「to laugh at」
「(about)쓸」 **거리(어떤 것)**	**something** 「to write about」
「(with)가지고 쓸」 **볼펜**	**ballpoint pen** 「to write with」
「(on)그걸 그릴」 **종이**	**paper** 「to draw that on」
「(of)두려워해야 할」 **어떤 것도**	**nothing** 「to be afraid of」
「(of)자랑스러워할 만한」 **것**	**something** 「to be proud of」
「(of)부끄러워할 만한」 **것**	**something** 「to be ashamed of」

명사구 – 명사 + 부정사 ~ 전치사

1 난 _{my}삼촌한테서 『그 콘서트_(for)』 공짜 표 세 장을 얻었지만, 『^(with)함께 거기에 갈』 _{the}친구들을 선택하기가^(to~) 쉽지 않았다.

2 그들은 _{their}막내아들만 아니면(제외하면) 『^(about)걱정할』 게 아무것도 없었지. 그 아들은 _{the}동네에서 _a엄청난 꼴통으로 알려져 있었거든.

3 기자들은 늘 『^(about)쓸』 거리를 찾고 있지. 그들은 (there) _a솔깃한 이야기만 있다면˙ 어디든 갈걸.

4 (there) 『^(on)그릴』 종이가 없을 때, 이중섭은 심지어 『담배를 쌌던』 _{the}은박지 위에다 그렸다.

5 _{your}아이들을 _{the}자연으로 데리고 나가세요. 아이들은 『^(with)가지고 놀』 무언가를 찾아내는 데 뛰어나답니다.

6 그녀가˙ 『^(with)그것을 _{her}아들에게 사 줄』 돈이 없다는 것이 그 가난한 어머니의 마음을 아프게 했다.

7 _{an}평범한 회사원에게_(for), 서울에서 『_{his}가족과 함께 ⁽ⁱⁿ⁾살』 _{an}아파트를 장만하는 데는^(to~) 적어도 30년은 걸립니다.

얻다.	get-got-gotten	엄청난	terrible	솔깃한	tempting	~에 뛰어나다	be excellent at ~
공짜 표	free ticket	꼴통	troublemaker	은박지	silver paper	아프게 하다	pain-ed
~만 아니면	except for ~	기자	reporter	싸다	wrap-ped	평범한	ordinary
막내~	last ~	~을 찾다	look for ~	~을 데리고 나가다	take ~ out	회사원	company man

8 그 당시에, 난 우리 선생님은 『이 문제를 ^(to)이야기 할』 _{an}적합한 사람이라고 생각하지 않았다. 왜냐하면...

9 제비들은 그 집의 _{the}처마 밑에 『⁽ⁱⁿ⁾알들을 낳을』 _a둥지를 만드느라 바빠 보였다. 제비들이^O 진흙과 마른 풀로 _{the}둥지를 만드는 걸^C 지켜보는 건^(to~) 놀랍고 즐거웠다.

10 모든 것이 준비됐어. 이제 우린 『^(on)노래할』 _a무대가 필요해. 우린 『_{the}비틀즈에 버금가는』 _a위대한 그룹사운드가 될 거야.

11 우리 모두가 뭉치면, (there) 이 세상에는 『^(of)두려워할 게』 아무것도 없을 거야.

12 "실패를 두려워 말라. 『^(of)두려워해야 할』 _{the}유일한 것은 『실패에 대한^(of)』 _{the}두려움뿐이다."라고 말하는_(saying) _a문구가 거기 있었다.

13 _{my}아버지께서는 "넌 땀과 노력 없이는 『^(of)자랑스러워할 만한』 뭔가를 성취할 수 없다."고 늘 말씀하셨어요.

14 좋은 성적을 내지 않은 것이^(~ing) 『^(of)부끄러워해야 할』 뭔가는 아냐. 넌 『_{your}성적으로 평가될 수 있는』 그런 _a존재가 아냐.

적합한	appropriate	처마	eaves	무대	stage	성취하다	achieve-d
제비	swallow	놀랍다	be amazing	~에 버금가다	match-ed	땀	sweat
~하느라 바쁘다	be busy ~ing	즐겁다	be pleasant	뭉치다	get together	성적을 내다	get grades
둥지	nest	진흙	mud	실패	failure	그런 존재	such a being
알 낳다	lay egg	마른 풀	dry grass	두려움	fear	평가되다	be judged

10

'It ~ that'으로 강조하기

문장 속의 어떤 부분을 강조하고 싶을 때 '~는 다름 아닌 ~다.'라고 표현할 수 있지요.

이 표현에 적당한 영어 표현이 'It ~ that' 강조구문입니다. 이 표현은 사용하기가 아주 쉽습니다.

문장 속에서 강조하고 싶은 명사(구), 부사(구)를 'It be동사'와 'that'사이에 넣어주기만 하면 되지요.

그리고 'be 동사'는 항상 3인칭 'is, was'를 사용합니다.

철수[1]는 지난 금요일[4] 이 가게에서[3] 이어폰[2]을 샀다.	Chulsu bought earphones at this shop last Friday.	
『지난 금요일 이 가게에서 이어폰을 산 건』 **철수**[1]였다.	It was **Chulsu** that bought earphones at this shop last Friday.	명사
『지난 금요일 이 가게에서 철수가 산 건』 **이어폰**[2]이었다.	It was **earphones** that Chulsu bought at this shop last Friday.	명사
『지난 금요일 철수가 이어폰을 산 건』 **이 가게에서**[3]였다.	It was **at this shop** that Chulsu bought earphones last Friday.	부사구
『철수가 이 가게에서 이어폰을 산 건』 **지난 금요일**[4]이었다.	It was **last Friday** that Chulsu bought earphones at this shop.	부사

'It ~ that' 강조구문의 'that'은 관계사에 해당합니다. 그래서 'that'대신 'who, which, when, where'을 사용할 수도 있습니다.

하지만 'why, how'는 사용하지 않습니다. 물론 'that'만을 사용해도 아무런 문제가 없으며 관계사를 생략하지 않습니다.

그리고 'that'은 '~한 것, ~한 사람, ~한 때, ~한 곳, ~한 이유, 등'으로 이해할 수 있겠지요.

『그 문제를 해결해야 하는 건(사람은)』 (다름 아닌) **나**야.	It is **I** that / who should solve this problem.	사람
『내가 거기서 본 건(사람은)』 (다름 아닌) **그**였어.	It was **him** that / who I saw there.	사람
『내가 즐겨 보는 건』 **개콘**이 아냐.	It is not **Gag Concert** that / which I enjoy watching.	사물
『네가 한 건』 **나쁜 짓**이 아니었어.	It was **not a bad thing** that / which you did.	사물
『우리가 만나기로 되어있는 게』 **내일**이다.	It is **tomorrow** that / when we are supposed to meet.	시간
『걔네들이 싸운 건』 (다름 아닌) **쉬는 시간**이었다.	It was **at break time** that / when they fought.	시간
『그가 상자를 묻은 곳은』 **그 나무 밑**이 아니었어.	It was **not under the tree** that / where he buried the box.	장소
『우리가 진 게』 **나 때문**이었다.	It was **because of me** that we lost.	이유
『내가 열심히 공부해야 하는 건』 **널 위한** 거야.	It is **for yourself** that you have to study hard.	이유
『우리가 다치지 않은 건』 **운**(운에 의한 것)이었어.	It was **by luck** that we were not hurt.	방식

'It ~ that' 강조구문은 몇 가지 특이한 점이 있습니다.

첫째, 인칭대명사도 수식을 받을 수 있다는 점입니다. 보통 영어의 인칭대명사는 형용사의 수식을 받지 못하지요.

둘째, 전치사를 포함한 부사구 전체가 수식을 받을 수 있다는 점입니다. 그래서 필요한 전치사를 빠뜨리지 않도록 주의해야 하지요.

결국 'It ~ that' 강조구문은 문장 속의 특정 부분을 그대로 강조할 수 있는 편리한 표현 방법입니다..

1	『이 세상을 구할 수 있는 건』 ^(다름 아닌) 우리야.	It is **we** that can save this world.
2	『나한테º 오지 말라고ᶜ 한 건』 ^(다름 아닌) 너였어.	
3	『날 괴롭히기 시작한 건』 철수가 아니었다.	
4	『그들이 쫓고 있는 건』 내가 아니라 너야.	
5	『the어린 왕자가 사랑한 것은』 그 장미였어.	
6	『그가 the칠판에 쓴 건』 내 이름이 아니었다.	
7	『your인생을º 의미 있게ᶜ 해 주는 건』 돈이 아냐.	
8	『그녀가 나한테 보낸 건』 ₐMP3 파일이었다.	
9	『전쟁들을 일으킨 건』 항상 탐욕이었다.	
10	『우리가 그들을 도와야 하는 건』 지금이야.	
11	『그녀가 날 보러 온 건』 월요일이 아니었어.	
12	『그들이 여기로 이사한 때는』 겨울이었다.	
13	『그가 TV에 등장한 건』 겨우 10초 동안이었지.	
14	『그녀가 날 피하기 시작한 건』 그 사고 후였다.	
15	『그녀가 다시 내게 전화 한 건』 한 시간 후였다.	
16	『내가 the파일들을 저장한 곳은』 그 USB(in)였어.	
17	『그 곰이 발견된 곳은』 그녀의 집 근처(near)였어.	
18	『내가 스트레스 받는 건』 학교 성적에 대해서다.	
19	『그가 담배를 끊은 건』 오직 his딸 때문이었다.	
20	『그가 해낼 수 있었던 건』 his노력에 의해서였다.	
21	『내가 영어 공부하는 건』 the인터넷을 통해서다.	
22	『그들이 죽어야 했던 건』 이 이유(for)였다.	

괴롭히다	bully-ied	의미 있는	meaningful	등장하다	appear-ed	노력	efforts
쫓다	chase-d	탐욕	greed	스트레스 받다	feel stressed	해내다	make it

'It ~ that' 강조

1 『날 짜증 나게 하는 건』 (다름 아닌) 너야. 넌 계속 날 귀찮게 하고 있어. 네가 보다시피, 난 지금 이 일들을 처리하느라 바빠.

....

2 『내가 the문을 열다가(while) 깨뜨린 것은』 『my엄마가 가장 아끼는』 the컵이었다.

....

3 그녀는 내 말을(me) 가로막더니 내게 말했다. "내 탓하지 마. 『모든 걸 망쳐버린 건』 내가 아니라 너였어."

....

4 『내 관심을 끈 것은』 『그 책 속의』 the삽화들이었어요. 그 삽화들이 내가 an일러스트레이터가 되기로 결심하게ᶜ 만들었지요.

....

5 『그녀가 당신에게서 정말로 듣고 싶어 하는 것이』 위로의 the말이라는 걸 모르겠어요?

....

6 the법은 its한계가 있어요. 『우리가ᵒ 함께 살아갈 수 있게ᶜ 해 주는 것은』 우리의 양심과 착한 본성이라고 생각해요.

....

7 『내가ᵒ 『my아버지가 찾고 있던』 그 자동차 열쇠를 주운 건』 바로the문 앞이었다.

....

짜증 난	irritated	(말을) 가로막다	interrupt-ed	관심 끌다	attract attention	한계	limits
귀찮게 하다	bother-ed	탓하다	blame-d	일러스트레이터	illustrator	양심	conscience
~를 처리하다	deal-dealt with	망치다	spoil-ed	위로의 말	words of comfort	착한 본성	good nature
아끼다	cherish-ed	삽화	illustration	법	law	~수 있게 해주다	enable ~ to ~

8 이 책은 "『우리가 추구하고 있는 the행복이 있는 데는』 여기 그리고 지금이다."라고 거듭 말하고 있습니다.

9 『행복, 화, 그리고 두려움 같은° 모든 the감정들이 일어나는 곳은』 (다름 아닌) 우리 마음으로부터랍니다.

10 『네가 사과해야 하는 것은』 네 무책임한 태도(for)야. 네가 이런 식으로 행동하면, 누군가는 너 때문에 고생해야만 하잖아.

11 『네가 a성인(聖人)이 될 수 있는 방법은』 너 자신만큼 다른 이들을 사랑하는 것에 의해서다.

12 그녀는 a매우 발랄한 소녀였어.(지금은 아니다.) 『그녀가 이렇게 a소심하고 내성적인 소녀가 된 것은』 오직 그 사건 후였지.

13 『내가 내가 그의 꿀 발린 말에(by) 속았다는 걸 깨달은 건』 그 순간(at) 이었다. 하지만, (it) 뭔가를 하기에는° 이미 너무 늦어버렸다.

14 my부모님은 항상 『그들이 저를° 열심히 공부하게° 몰아붙이는 것이』 그들을 위해서가 아니라 날 위해서라고 말씀하세요.

거듭	again and again	무책임한	irresponsible	고생하다.	suffer-ed	소심한	timid
추구하다	seek-sought	태도	attitude	성인(聖人)	holy person	내성적인	introverted
화	anger	사과하다	apologize-d	발랄한	cheerful	속다	be deceived
일어나다	arise-arose-arisen	행동하다	behave-d	사건	incident	꿀 발린 말	honeyed words

형용사 시리즈 정리

형용사 시리즈는 명사의 앞 또는 뒤에서 명사를 수식하며, 형용사 시리즈의 수식을 받은 명사는 명사구(noun-phrase)라고 불리게 됩니다.

명사구는 명사와 함께 주어, 명사보어, 동사의 목적어, 전치사의 목적어 역할을 담당하기 때문에 문장 속에 자주 등장할 수밖에 없습니다.

이런 명사구를 마음대로 만들고 활용할 수 있는 능력은 멋진 문장을 써 내는 데 너무나 중요하지요.

그렇게 하기 위해서는 한국어의 명사구 형태에 알맞은 영어의 명사구를 만들어 낼 수 있어야 하겠습니다.

명사구는 원래 문장이었습니다. 즉, 문장 속의 명사가 문장 밖으로 빠져나오고 남은 부분이 형용사 시리즈가 되는 것이지요.

형용사 시리즈는 형용사, 형용사구, 형용사절, 부정사구, 분사구로 이루어집니다. 이들 중 단어 형태인 형용사, 분사는 앞에서 그리고 절과 구 형태인 형용사절, 형용사구, 분사구, 부정사구는 뒤에서 명사를 수식하지요.

지금까지 공부한 형용사 시리즈를 정리해 보고 스스로 명사구를 만들어 낼 수 있는지 확인해 보았으면 합니다.

MAP	문장성분	품사	구	절	준동사	
	주어	명사	명사구	명사절	동명사	부정사
	동사	동사				
	목적어	형용사	형용사구	형용사절	부정사	분사구
	보어	부사	부사구	부사절	부정사	분사구

형용사, 분사 + 명사

a brave boy
growing children
the broken computer

명사 + 전치사

books on the desk
people at the concert
water in the cup
your thoughts about that
importance of doing that
result without efforts
the meaning of what I say

전치사는 부사구 또는 형용사구를 만드는 품사입니다. 영어의 전치사가 다양한 만큼 명사를 수식하는 형용사구의 쓰임도 매우 다양하겠지요. 특히, 전치사의 목적어로 동명사와 명사절을 사용할 수 있기 때문에 유용합니다.

형용사절은 명사구의 가장 기본 형태지요. 형용사절을 만드는 관계사는 관계대명사(who, whom, whose, which, that)와 관계부사(when, where, why, that)로 구분할 수 있습니다. 관계대명사는 다시 주격, 목적격, 소유격으로 나누어지며 이들 중 목적격 관계대명사는 생략할 수 있습니다. 그리고 주격 관계대명사는 'be 동사'와 함께 있을 때 생략할 수 있으며 [관계대명사+be]의 생략으로 형용사절은 형용사, 형용사구, 현재분사(구), 과거분사(구)로 간단히 할 수 있습니다.

명사 + 주격 관계대명사

people who love gardening
flowers that smell sweet

명사 + 목적격 관계대명사

the people who I know
the stories that I used to love

명사 + 소유격 관계대명사

a boy whose father is a singer
the flower whose scent I like

명사 + 관계부사

the time when they fell in love
the place where I grew up
the reason why I can not do that
the way that they are living

명사 + 전치사+관계대명사

cup into which she poured the water
the day by which I should finish it
people with whom you are living

명사 + 분사구

a woman driving the car
the boy raised by wolves
library built in 1900
library being built there

명사 + to ~

books to read
place, time, reason, way to go
wish, desire, dream to do that
decision, promise to allow me to go
attempt, efforts to save the animals
need, chance to do what you want
right, duty to live in happiness
ability, power to make others happy

명사 + to ~ 전치사

paper to write on
pencil to write with
friends to play with

부정사는 'will, should, can'의 의미를 가진 형용사절을 간단히 표현하는 방식이었지요.
그리고 습관적으로 부정사와 결합하는 명사들은 꼭 익혀두어야 하겠습니다.

ANSWER

P. 12

1 is built there.
2 was built there last year.
3 will be built there soon.
4 can be built there.
5 should/has to be built there.
6 had to be built there.
7 is being built there now.
8 was being built there.
9 will be being built there.
10 has been built there.
11 is supposed to be built there.
12 was supposed to be built there.

13 are controlled by computer.
14 were controlled by computer.
15 will be controlled by computer.
16 can be controlled by computer.
17 may be controlled by computer.
18 must be controlled by computer.
19 are being controlled by computer.
20 were being controlled by computer.
21 have been controlled by computer.
22 seem to be controlled by computer.
23 seemed to be controlled by computer.
24 used to/would be controlled by computer.

P. 13

1 It is not known to the world yet.
2 It was not known to the world.
3 It will not be known to the world.
4 It can't be known to the world.
5 It should not be known to the world.
6 It has not been known to the world.
7 Is it known to the world?
8 Isn't it known to the world?
9 Was it known to the world?
10 Can it be known to the world?
11 Has it been known to the world?
12 When was it known to the world?

13 It is not made of pure gold.
14 It was not made of pure gold.
15 It can not be made of pure gold.
16 It should not be made of pure gold.
17 It is not being made of pure gold.
18 It has not been made of pure gold.
19 Is it made of pure gold?
20 Was it made of pure gold?
21 Isn't it made of pure gold?
22 Will it be made of pure gold?
23 Can it be made of pure gold?
24 Has it been made of pure gold?

P. 14

1 This toilet is cleaned every morning.
2 The little girl felt (that) she was left alone in the dark world.
3 I am sure (that) this painting will be sold at a high cost.
4 The old temple was burned by a fire last winter.
5 E-mail can be sent to numerous people at a time.
6 The criminal was arrested in a PC room last night.
7 I think (that) privacy should be protected in any case.
8 I have not been invited to her birthday party.
9 Do you mean (that) smoking should not be allowed in this city any more?
10 The old man foretold (that) a hero would be born in this village.

P. 15

11 Don't be so serious. Everything will be forgotten with time.
12 Einstein is known to us as a great scientist.
13 I wanted to surprise her, but she was not surprised at all.
14 After about 10 minutes, the huge balloon was filled with helium gas.
15 What percent of the waste is being recycled?
16 His blood pressure should be checked every hour.
17 Many kinds of seeds are being collected here for the future.
18 I have been treated like a child until now.
19 If you order now, the books will be delivered to you in 24 hours.
20 The metal rod seems to be used to connect the two parts.

P. 16

21 As you know, most toys are made of plastic.
22 Staring at me, he said "My question is not answered yet."
23 This page can't be displayed. Check the network.
24 The edge of the cake was decorated with chocolate. That/It was too pretty to eat away.
25 His wonderful guitar playing could be introduced to the world through YouTube.
26 This should be kept in refrigerator as soon as possible.
27 Can this stain be removed with detergent? -- I don't think so.
28 When we walked into the forest, a strange energy was felt.
29 Do you expect (that) an alien life may be found in this space exploration?
30 This building has been closed for a long time. However/But no one knows the reason.

P. 17

31 How could I know (that) my voice was being recorded?
32 Too much time and money are being wasted in private education.
33 You may not believe, but I have been abducted by aliens.
34 It is believed (that) the space is expanding. Then, how can we prove that/it?
35 It is said (that) everything depends on our mind.
36 Moreover, it's not known who wrote this book until now.
37 It does not make sense (that) the beautiful forests are being destroyed for golf course.
38 I can't understand why the printer is broken so often.
39 These days these kinds of books are not read by young people.
40 A six-legged frog has been caught in the polluted river.

P. 18

41 Don't worry about the time. Enough time will be given to you.
42 When I opened the window, the whole world was covered with white snow.
43 Our class will be divided into three groups to play this game.
44 In this story, Nolbu is described as an awful miser.
45 I was raised by my grandmother until I was/became eight.

46 The water should be boiled enough before you drink it.
47 We were bitten by mosquitoes all night.
48 The teacher said "Your skills seem to be improved a lot."
49 Looking at me, he asked "Are you being bullied at school?"
50 Do you feel (that) you are being loved enough by your family and friends?

P. 22

1 The fish seemed to say "I don't want to be eaten."
2 So, I whispered "You were raised to be eaten by us."
3 This kind of information needs to be shared with other people.
4 If you don't want to be treated like a child, you must behave more responsibly.
5 After listening to the story, we pretended to be impressed.
6 The rocket failed to be launched because of the bad weather.
7 It is easy to be dazzled by these ads.
8 Young children are likely to be addicted to computer games.
9 I do not understand why she hates to be photographed.
10 When the file began to be downloaded, my mom came back.

P. 23

11 Anyway the campaign needs to be continued.
12 He wished to be buried in his hometown after his death.
13 Why do people wish to be remembered forever?
14 The price is supposed to be marked here.
15 Sugar is not supposed to be added.
16 What you ordered is going to be delivered to you in 2 days.
17 A lot of things are not able to be explained by natural laws.
18 A lot of time and effort will be able to be saved.
19 More children are likely to be exposed to violence.
20 A baby tiger is about to be born.

P. 24

21 In order to be blessed, try to have a good heart.
22 At first, this building was built to be used as a prison.
23 After that, the festival started to be held every autumn.
24 They don't (even) hesitate to lie to be elected as the president.
25 This problem is too complicated to be solved in a short time.
26 I think (that) more trees need to be planted in the city.
27 It's good to be prepared for a chance.
28 In our society, appearance is too important to be ignored.
29 It's very important to be well educated in/at home.
30 It must be a terrible thing to be abandoned by parents.

P. 25

31 Being loved is what all living things want.
32 Being satisfied with yourself is more important than anything else.
33 He did not like being known as a miser. However, he couldn't give up the money.
34 Chulsu went out, saying "I hate being ordered."
35 No one enjoys being bullied.
36 She used to/would imagine being proposed by popular stars.
37 Children hate being meddled when they reach a certain age.
38 My eyes kept being swollen and became a frog's eyes.
39 The boy remembered being punished by his mother.
40 The plane was flying low to avoid being caught by radar.

P. 26

41 It is natural (that) people get angry at being ignored like that.

42 I felt proud of being praised by the teacher in front of other students.

43 We are sick of being judged by our school grades.

44 I am not interested in being known as a good boy.

45 Don't complain about not being thanked for your good behavior.

46 It was far from being preserved. They were rather being neglected.

47 Dreaming of being planted in her small garden, the seeds are sleeping.

48 Tigers or lions also worry about being attacked by other predators.

49 I was ashamed of being scared of that sound.

50 I was always afraid of being bullied or teased.

p. 27

51 Most of them can be recycled instead of being thrown away.

52 Students' rights should be respected instead of being ignored.

53 It's almost impossible to slip out without being seen/caught.

54 I want to be alone for a while without being disturbed.

55 You may become a zombie by being bitten by a zombie mosquito.

56 This song became known to the people by being used as the theme song of a movie.

57 The dry condition prevented them from being decayed.

58 A positive attitude can keep you from being stressed.

59 Anyway, I think (that) it is better than being expelled from school.

60 It was the same as being insulted.

P. 28

61 Why do potatoes turn green when (being) exposed to the sunlight?

62 The internet causes a lot of problems when not (being) used properly.

63 Sometimes, things may be damaged while (being) delivered.

64 He gained a kind of supernatural power after being struck by lightning.

65 The book was hidden in Seokgatop before being found in 1966.

66 (Being) surprised at what I said, she looked at me.

67 (Being) surrounded by people, the old man was playing beautiful melodies with his old violin.

68 Over time, the incident began to be forgotten (being) unsolved.

69 (Being) made of earth and wood, Hanok is very eco-friendly.

70 I had to come back, disappointed with her words.

P. 32

1 Please give me a chance.

2 Reading good books can give us great pleasure.

3 The guys asked about you. But I didn't tell them anything.

4 You'd better tell me what the problem is. Don't try to hide it.

5 It is impossible to teach animals our language.

6 My mom began to teach me English first when I was 4 years old.

7 I showed them my photo album without thinking.

8 He tried not to show them his feelings, but his face was already distorted.

9 My brother ran out/outside saying "Leave me just a piece of pizza."

10 They left us only one choice, and we had to decide whether to accept that or not.

P. 33

11 Expecting (that) Chulsu will lend me money, I called him.

12 Don't you remember (that) I lent you money there?

13 She disappeared like the wind after handing me this note.

14 Chulsu looked sulky because I didn't pass him the ball.

15 When I looked back, he threw me a big red apple.

16 My mom used to make me fruit juice every morning.

17 Whenever I had a slight cold, my mother made me warm yuja tea.

18 If you come, I will cook you delicious pasta.

19 Dad. You promised to buy me the CD on my birthday. Don't forget that/it.

20 I looked around here and there to buy my grandmother a special gift.

P. 34

21 Of course, It's true (that) these machines are saving us a lot of trouble. But...

22 If you help me, it will save me a lot of time.

23 Bring me the puzzle. I will try it instead of you. I am smarter than you.

24 After this long winter ends, the warmth of spring will bring the earth new life.

25 Listen. The nature is always playing us beautiful music.

26 My grandmother sang me this song, (and) then I could fall asleep comfortably.

27 Would you read us the sentences once again in a loud voice?

28 I sent mom a text message in order to apologize for showing my temper to her in the morning.

29 Suddenly that guy asked me my name and phone number.

30 May I ask you a favor? Would you bring me a cup of cold water?

P. 35

31 I failed to tell her (that) I love/loved her.

32 I will not go until you tell me what you saw and heard there.

33 Tell me what to do and how to do in order to be happy.

34 If you want, I will show you how to play this game.

35 This case is showing us how important our attitude is.

36 Sumin closed the notebook in order not to show me what she wrote there.

37 The teacher always tried to teach us (that) each of us is very special being.

38 We may have to teach the students how to make a happy family at school.

39 A strange man is asking people where you are. What did you do there?

40 If you want to live a meaningful life, you need to ask yourself what you really want to do.

P. 36

41 (Being) surprised at the sound, she asked me "What are they doing now?"

42 I hesitated to ask Sumin whether/if she was also invited to the party.

43 I think (that) sometimes, it's wise to give myself what I want.

44 The man shouted "Throw me what you hold in hand."

45 Bring me a pencil and paper. I will teach you how to solve this kind of problem.

46 As soon as the girl read the frog the magic words, it turned/changed into a prince.

47 Call me when you are ready. I will send you what you asked.

48 The magic pot made the boy whatever he wanted to eat.

49 If you do it for me, I will buy you whatever you want to have.

50 Chulsu lends his friends whatever he has. It is not easy to do so.

P. 37

1 *If you don't need it, give it **to** me.*

2 You'd better tell it to your teacher.

3 I showed the picture to my friends.

4 Who taught English to you?

5 Don't worry. I can lend one to you.

6 He handed the book to me without a word.

7 If I catch the ball, I will pass it to you.

8 I will throw the key to you. Catch it.

9 *She made warm citron tea **for** me.*

10 Leave a piece of pizza for your brother/sister.

11 What should I cook for you?

12 Buy some tteokbokki for me. I'm starving.

13 It will save a lot of time for you.

14 *Bring it **to/for** your grandmother.*

15 Can you play the Moonlight Sonata for/to me?

16 The teacher sang a pop song for/to us.

17 She reads a poem to/for us before the class.

18 Who sent the message to/for me?

19 May I ask a question of you?

P. 39

1 You will be given a just punishment.

2 We were given 3-D glasses at the entrance.

3 I think (that) he was given enough punishment already.
4 They should be given equal treatment.
5 I was told nothing about that.
6 I was told (that) you didn't keep the promise.
7 Sometimes Sooni used to be told (that) she's pretty.
8 He was told the odd words by the fortune teller.
9 You will be told what to do through text message.
10 I was also taught English by that teacher.
11 Babies don't need to be taught how to walk.
12 You will be taught a lethal skill today.
13 I don't know what I was taught at school.
14 Each student was asked the same questions.
15 You will be asked whether you saw me there.
16 He was asked how serious the situation was.

P. 40

1 Finally a mission was given to us.
2 Too much stress is given to the students.
3 What kind of reward will be given to us?
4 This movie should not be shown to children.
5 The UFO and two aliens were shown to the public.
6 The next story is left to your imagination.
7 It must be left to his judgment.
8 Nothing will be left to us.
9 His book is handed to everyone for free.
10 What was handed to him?

11 You will be thrown to the starving tiger.
12 Foods should not be thrown to the animals.
13 She should be sent to the hospital right now.
14 News mails will be sent to you automatically.
15 A letter was sent to the principal.
16 It will be sent to the service center tomorrow.
17 These signals are sent to your brain.
18 They should be brought to the prison.
19 His body was brought to his homeland.
20 I was brought to the police station by a man.

P. 44

1 *I told you to hurry.*
2 Mom always tells me not to be lazy.
3 Don't ask me to help you.

4 Ask him not to park here.
5 You don't need to beg me to forgive you.
6 Advise her to stop the diet.
7 Don't try to persuade me to change my mind.
8 We encourage students to read good books.
9 Teach me to play the guitar.
10 I didn't expect you to come back.

11 Did you expect me to believe that?
12 I warned him not to laugh like that.
13 Mom pushes me to do exercise.
14 Don't push your child to study.
15 He ordered his dog to sit down.
16 I did not force you to follow me.
17 Mom never allows me to sleep out.
18 Dad forbade me to use my cell phone.
19 It enables us to feel happiness.
20 I want you to understand me.

P. 45

1 Do you want me to lie?
2 My parents want me to enter this university.
3 What enables the birds to find the way?
4 Why do they forbid us to grow hair?
5 Just allow your mind to flow freely.
6 Don't force them to obey.
7 You can't order me to leave.
8 Push yourself to be more diligent.
9 Push them to try harder.
10 I have warned you not to be late several times.

11 I did not expect you to fail.
12 Who taught you to cook?
13 Don't encourage children to be selfish.
14 Persuade your parents to allow it.
15 She advised me to be patient.
16 I am begging you to stop.
17 I begged you not to leave me.
18 He asked me to do it instead of him.
19 Who told you to stay here?
20 Tell him stop eating.

P. 46

1 Mom told me to tidy the room several times, but I didn't move, pretending not to hear that.
2 Frowning at me, my brother shouted "I told you not to touch my things!"
3 Chulsu whispered in my ear "You can tell them to be quiet. This is a library."
4 Because I couldn't follow what he was saying, I asked him to speak a little slower.
5 If you do not want to go out, ask Sumin to buy some milk on her way here.
6 Too ashamed, I asked that guy not to tell other friends what he saw there. But...
7 Because it was too dark outside, (It was too dark outside, so~) I had to beg my brother to go to the toilet with me.

P. 47

8 The carp's eyes seemed to beg the fisherman not to kill it. So, he threw it into the water.
9 Next morning, the strange old man advised me to leave the village as soon as possible.

10 I'd like to advise you not to hang around with those guys after school.

11 I tried to persuade him to change his mind several times, but it was useless.

12 It is more important to persuade people to use public transportation instead of their cars.

13 When I was about to give up the contest, the teacher's warm words encouraged me to continue.

14 This kind of music is used to encourage shoppers to buy more.

P. 48

15 After visitors went back, my father said to me "Did I teach you to behave like that?"

16 You'd better try to teach your children to think and decide by themselves.

17 You should not expect him to become a new person overnight. Give him time and wait.

18 I was a little surprised because I didn't expect the teacher to remember my name.

19 I also know (that) I was wrong, but I did not expect my father to get so angry at me.

20 The nature is warning us not to behave like the owner of the earth. We are just a part of it.

21 The teacher warned us to turn off cell phones and not to touch them during the class.

P. 49

22 It seems/looks useless to warn students not to use bad languages at school.

23 Fortunately my parents didn't push me to study even at home.

24 No one pushes you to become a doctor or a judge. But you also have to think about your future.

25 In order to order your units to attack, click a target while pressing button A.

26 I threw (away) the tissue out of the car window. After a while, a police car ordered us to stop the car behind us.

27 We are taught (that) we shouldn't force someone to believe in a particular religion.

28 My brother forced me to yield, twisting my arm back. It/That really hurt / That was really painful, and I screamed.

P. 50

29 Watching TV or playing computer game doesn't allow our imagination to spread in positive direction. .

30 Teachers should be able to allow students to express their thoughts freely during class.

31 My father forbade me to carry my cell phone while talking with family at home.

32 Diverse experiences can enable us to realize our potential.

33 Our basic conscience enables us to trust each other and live together. The law always has its limits.

34 Do you want me to wake you up later? Yes. I want you to wake me up after 30 minutes.

35 When they reach a certain age, most students don't want their parents or teachers to interfere in their privacy.

P. 51

1 He seemed to think me a little kid.

2 I thought you braver than me.

3 We do not consider him a great person.

4 You will find it pretty interesting.

5 I found him a timid boy.

6 I found her reading a book.

7 We named the puppy Daebak.

8 Don't call me a liar.

9 We call that kind of person Ginsang.

10 They painted the long wall white.

11 How/What about painting the background brown?

12 Cut your hair a little shorter.

13 Keep your body warm.

14 Keep your heart wide open.

15 Keep your eyes fixed on it.

16 What keeps the earth spinning?

17 Leave the window open.

18 Leave me alone.

19 Leave them playing outside.

20 Leave the light on.

P. 52

1 I will make you a super star.

2 Will it make you a better person?

3 What has made him such a monster?

4 Nothing could make her happy.

5 Love makes this world much more valuable.

6 Music makes a movie perfect.

7 His words made me more irritated.

8 You always make me tired.

9 She always makes me laugh.

10 This/It will make you look different.

11 What made him change his mind?

12 Don't make me do what you don't want to do.

13 Let me go home.

14 Let your mind flow freely.

15 Don't let the smartphone become your fetters.

16 Let me know what the plan is.

P. 53

1 I saw you walking there.
2 I saw ants playing basketball.
3 Watch the sky changing its color.
4 I watched the fire dancing.
5 I observed a spider spinning a web.
6 I heard someone opening the door.
7 I overheard them arguing.
8 We felt the building trembling.
9 I noticed someone hiding there.

10 Did you notice her hands trembling?

11 I saw you yawn.
12 We were watching the sun rise.
13 She observed a truck hit him.
14 I heard Sooni talk in her sleep.
15 I overheard him swear at you.
16 I felt my body float in the air.
17 Sooni noticed someone follow her.

P. 54

1 Do you think me a stupid idiot? Don't try to deceive me like this. Just tell me what you are thinking.
2 If people see it, they will think Hangul the most beautiful alphabet in this world.
3 If you keep avoiding that guy, he may think you a coward. Just stand up and fight.
4 (Being) afraid (that) they wouldn't consider him their friend any more. he had to make up a story to hide his lies.
5 Why do you consider yourself different from other people? -- Why should I be the same with you?
6 People found the new way much more convenient. Soon, they got used to that.
7 I'd like to tell you to talk with her. You will find her a nice person.

P. 55

8 If lucky enough, we may be able to find stage beetles eating sap on a tree.
9 The boy found his new shoes stained with the paint and was about to cry. Too embarrassed, I didn't know what to do.
10 When we stood up to go home, I found Sumin a little sulky at my words.
11 After begging my parents to buy a dog for some months, I got one and named it Ttolttori.
12 My grand-grandfather named my father Jangsu because he wanted his grandson to live long.
13 Although I was angry whenever he called me shorty, I couldn't tell him not to call me like that.
14 Not knowing what to call him, I hesitated to talk to him. However, when our eyes met, he said "Let's be friends"

P. 56

15 Don't you know why people call you selfish? I'd like to advise you not to blame others but to see around yourself.
16 In order not to be seen by the owl, he began to paint his body black from head to toe with charcoal and black ink.
17 In order to draw/paint something on it, we have to paint the wall white first.
18 The hairdresser cut my hair too short. Am I a marine or what? Didn't you tell her not to cut it short?
19 If you cut your nails too close, you have to feel the pain until they grow again.
20 It's good to keep your feet warm while you are sleeping.
21 I couldn't keep him waiting outside, so I made him come in and wait in the house.

P. 57

22 If you want true happiness, remember (that) nothing can keep you satisfied forever.
23   Last night, my brother left the window open so that mosquitoes came in and enjoyed our blood all night.
24 Strangely, mom left me playing games for some hours without saying anything.
25 Sometimes you need to leave your children alone so that they can think and decide by themselves.
26 What makes this world so beautiful? That's just your beautiful mind.
27 The dark shadow whispered "Give me your soul. Then I will make you the richest person in the world."
28 If I could make all living things free from all their sufferings, I am willing to give my life for them.

P. 58

29 This movie will make us realize how important and valuable the family is.
30 Once a desire is satisfied, another desire arises immediately in our mind and it makes us feel unsatisfied again.
31 One day, while walking along a quiet country road, he saw sparrows driving away a hawk in the air.
32 Seeing young children waiting for institute buses at dusk, she felt a deep sadness.
33 Holding a photo in her hand, a little girl was watching leaves falling down through the window.
34 See/Watch the sandcastle being washed away by the waves. Time is like the waves. It removes everything.

35 I found ant's ant's nest and observed ants go in and out of the holes there for a while.

P. 59

36 I was/got angry when I heard them call Chulsu 'idiot'. I thought them too mean.
37 Although I have been with Sooni for six years, I have not seen her speak ill of others.
38 Behind the rock, the woodcutter overheard the goblins talking about the only daughter of the rich old man.
39 I always wondered why we can't feel the earth spinning. Today, finally, I knew the reason.
40 When Sooni did as he said, she felt her body become as light as a feather and float in the air.
41 I was so absorbed in the game (that) I couldn't notice mom coming into my room.
42 When she walked to the stream to wash the apple, she noticed something shimmering in the water.

P. 61

1 I was told to underline the important parts.
2 I was told not to carry cash.
3 What have the people been told to do?
4 She was told to get off at Yongsan station.
5 I was asked to talk with you.
6 We were asked not to come in.
7 I was asked to sing instead of her.
8 He was advised to avoid fatty foods.
9 You will be advised not to overeat.
10 I was advised to find my own style.

11 I was persuaded to attend the writing contest.
12 He is being persuaded to accept that.
13 We were persuaded not to oppose that.
14 We are being encouraged to volunteer.
15 Students should be encouraged to express their thoughts.
16 You should be taught to control your mind.
17 We are taught not to talk back to our teachers.
18 The baby birds are being taught to fly.
19 Rain is expected to continue during the weekend.
20 How many people are expected to come?

P. 62

1 Time travel is expected to be possible soon.
2 I was warned not to go to a PC room.
3 We were warned to be careful.
4 I was ordered to put my phone into the box.
5 We were ordered not to go out of the tent.
6 You will be forced to cut your hair short.
7 We are forced to learn English.
8 No one is allowed to smoke here.
9 Are you allowed to use your phone during a class?
10 I have been forbidden to go out.

11 The battle ship was named Yi Sun-shin.
12 The larva was named Yellow.
13 That is called cause and effect.
14 The power is called gravity.
15 I was called peanut when I was young.
16 Her room was painted light green.
17 The dishcloth should always be kept clean.
18 The door was kept locked for (several/some) years.
19 I used to be left alone at home.
20 When I arrived, the TV was left on.

P. 63

1 I am sick of being told to study. Was I born to study?
2 If you are told not to think about something, it becomes more difficult to stop thinking about that.
3 Sooni didn't hesitate when she was asked to sing a song on the stage for the people.
4 The woodcutter was advised not to show the celestial robe to the fairy until they have at least three children.
5 Once talking with her, no one can avoid being persuaded to do what she wants.
6 Modern people are being persuaded to want to possess and consume something through all kinds of media.
7 Since it is so-called multicultural age, children should be taught to respect different cultures

P. 64

8 The two Koreas are expected to be able to improve their relationship through these sports events.
9 While coming back from the hospital, my father told me (that) my grandmother is not expected to live so long.
10 Because I had been warned not to be late several times, I was afraid of seeing her face.
11 The pilots were ordered to shoot down the UFO, but the shield was too powerful to destroy with missiles.
12 We are forced to learn English without exception. It doesn't matter if we use it or not.
13 What if students were allowed to use their cellphones freely without any restriction at school?
14 It is unjust and undemocratic (that) citizens are forbidden to express their beliefs by their own government.

P. 65

15 The baby mallard was named 'Chorok' by the hen, and raised under her care.

16 Venus is called the evening star or the morning star because we can see it only in the evening or early morning.

17 There was a huge rock on the top of the mountain, and it was called 'Eagle rock' by the village people.

18 The legend says (that) once the dragon's eyes were painted red by the monk, it became a real one and flew away.

19 The soil should be kept moist to provide enough humidity for the plants.

20 If your mind is not kept open, even the most beautiful poem doesn't sound beautiful to you.

21 If the wound is left untreated, it may get infected and fester causing pain.

P. 72

1 the students who hate English

2 the man who became the king

3 an old man who graduated from our school

4 many people who want to help them

5 children who don't eat breakfast

6 the person who can teach you that

7 the teacher who told me to read it

8 the friend who always made me laugh

9 a child who saw him hitting the dog

10 a woman who enjoys spending time in her vegetable garden

11 a girl who is only 7 years old

12 Sumin, who was my best friend in elementary school,

13 the queen who seems to have everything

14 the teacher who is always kind to the students

15 brave warriors who are not afraid of death

16 my mom, who was talking on the phone

17 someone who is respected by other people

18 people who were moved after reading the story

19 the friends who were with Chulsu yesterday

20 person who is there when you need help

P. 73

1 the movie that/which begins at 6:30.

2 the ghost that/which appears here whenever it rains

3 the loose pants that/which keep slipping down

4 a lot of things that/which can cause stress

5 the dragonfly that/which sat on my hand

6 a word that/which gives us hope and courage

7 the scene that/which made people smile

8 a robot that/which will go to school instead of me

9 animals that/which hunt at night

10 wind that/which blew making strange sound

11 a small village that/which looks very peaceful

12 the processed foods that/which are harmful to your health

13 Dockdo, which must be Korean territory,

14 Mt. Baekdu, which is the highest mountain in Korea,

15 the lake that/which is shimmering in the moonlight

16 the river that/which flows to the West Sea

17 soybeans that/which will be used to make doenjang

18 the animal shapes that/which are carved on the rock

19 your head that/which is filled with stress

20 many things that/which can't be explained by science

P. 74

1 Although all Korean students learn English, it is not easy to meet the students who use English without hesitation in Korea.

2 After the sad story was known to the world, a lot of people who wanted to help them began to appear.

3 If you want to learn this skill, I will bring/take you to the person who can teach you that.

4 Chulsu was that kind of friend who always made me laugh with his witty sense of humor.

5 A boy who saw him hitting the dog called the police and he was taken away by the police.

6 I thought her an ordinary middle-aged woman who just enjoyed spending time in the vegetable garden. Later I knew (that) she was a famous writer.

7 It's crazy to push a child who is only 10 years old to study for 3 hours every day. .

P. 75

8 Even the king who seems to have everything sometimes feels himself a small and feeble being.

9 I remember her as a teacher who was always kind to the students.

10 When the honey bees fight against the scary wasps, they turn brave warriors who are not afraid of death.

11 If you want to be a person who is respected by other people, you have to learn to respect them first.

12 In order to surprise her, I approached my mom, who was talking on the phone making miyeokguk.

13 She called the boys who were with Chulsu yesterday to ask what happened there.

14 I heard (that) the number of the people who were killed or injured in the terrible typhoon was over 1500.

P. 76

15 In order to see the movie that/which begins at 6:30, we'd better book the tickets in advance.

16 I couldn't do anything all day because of the loose pants that/which kept slipping down.

17 There are many things that/which can cause stress around us. But remember that everything depends on our mind.

18 I was sitting there without moving until the dragonfly that/which sat on my hand flew away.

19 What we really need is not a lengthy advice, but a word that/which can give us hope and courage.

20 As you know, there are animals that/which hunt at night. We are going to study about them today.

21 After the wind that/which blew making strange sound disappeared, a scops owl's song began to echo in the clear night sky.

P. 77

22 It's almost impossible not to eat the processed foods that/which are harmful to our health. That's because our taste is addicted to them.

23 When I woke up rubbing my eyes, Mt. Baekdu, which is the highest mountain in Korea, was appearing dimly in the distance.

24 On arriving there, we began to set the tent by the beautiful lake that/which was shimmering in the moonlight.

25 When I hated to go to school, I used to imagine a robot that/which would go to school instead of me.

26 Drying sweat on the mountain, we looked down at the green fields and small villages that/which looked very peaceful.

27 If you could(were able to) spend a week freely, what would you do for your head that/which is filled with stress?

28 There are a lot of things that cannot be explained by science in the world, and they are called mysteries.

P. 80

1	the falling snow	11	the rising sun
2	a crying child	12	the coming year
3	the shining stars	13	the following graph
4	the sleeping baby	14	a moving object
5	his burning ambition	15	a rolling stone
6	a growing child	16	the spinning propeller
7	the boiling water	17	the blowing wind
8	the boring movie	18	the flowing river
9	a working mom	19	the changing season
10	the darkening sky	20	a smiling face

P. 81

1	the added cost	11	a sad-faced man
2	the broken cell phone	12	forgotten independence fighters
3	a baked potato	13	your hidden power
4	the newly built library	14	the imported beef
5	the closed mind	15	the lost time
6	cooked vegetables	16	the hand-made Donkkas
7	the newly discovered facts	17	the neatly-painted house
8	dried flowers	18	the reduced cost
9	well educated people	19	my smashed phone
10	fried chicken	20	the sudden and unexpected question

P. 82

1 Sitting by the window, they were staring at the falling snow without a word.

2 Your eyes are like the shining stars. Your soul will/may be as beautiful as your eyes.

3 Before that, no one could notice his burning ambition except for her.

4 Nothing will be able to make him give up his burning ambition.

5 How can you say such a thing to a growing child? Choose your words carefully.

6 Put the noodles in the boiling water, and wait for about 3 minutes.

7 Closing his eyes, the last Dracula opened his weak arms to the rising sun.

8 The following graph shows well how pitiful lives Korean students are living.

9 It's never easy to hit a moving object.

10 The blowing wind, blooming flowers and shining stars are good friends of a wanderer.

11 Remember (that) people can't spit at a smiling face.

P. 83

12 That is not our fault. Why should we pay the added cost?

13 When I came back, my sister was crying holding the broken phone in her hand.

14 It's not so easy to open the closed mind as you think.

15 The newly discovered facts are enough to support her claim.

16 While reading my mother's old book, I found a tiny dried flower in it.

17 There was a sad-faced man at the back of the bus and I felt as if I knew him.

18 Finally she discovered (that) her grandfather was one of the forgotten independence fighters.

19 If you can listen to/hear your inner voice, you will be able to draw your hidden power.

20 They called the period the lost time. I couldn't understand the meaning.

21 We bought some hand-made Donkkas at Q-Mart in order to eat at the camp.

22 Her face hardened at the sudden and unexpected question.

ANSWER

P. 84

1 *the snow falling on the mountain*
2 people living in this city
3 the ants moving the sewookkang
4 an old man sweeping the fallen leaves
5 the blood circulating in your body
6 magpie building a nest on the tree
7 my mom's face smiling in the picture
8 my uncle teaching me math
9 robots working instead of humans
10 wild ducks flying in V-shape

11 the full moon floating on the calm water
12 the river flowing to the East Sea
13 a puppy trying to go up the stairs
14 people waiting to ride the Viking
15 people crowding to see the sunrise
16 two men shaking hands laughing brightly
17 a man sitting on the bench watching me
18 dad watching me shaking my legs
19 things being made by 3D printer
20 opinions being ignored by the media

P. 85

1 *books written by Beopjeong*
2 a hanok made of only soil and wood
3 trees uprooted or broken by the storm
4 people born in winter
5 pebbles heated by the sunlight
6 the PC room filled with cigarette smoke
7 the old book found in the stone pagoda
8 the letters printed on the T-shirt

9 fresh vegetables grown in the vegetable garden
10 trees planted to defend the sea wind

11 the mission given to our team
12 the photos of UFOs taken by accident
13 the people tired of the busy city life
14 the man thrown to the starving tiger
15 the kid left alone in the dark room
16 the battle ship named Yi Sun-shin
17 the flower called 'chamkkot'
18 the kid asked to read that aloud
19 the people expected to attend the meeting
20 the children taught not to talk back

P. 86

1 our planet, the earth,
2 the earth, our planet,
3 Sooni, one of my best friends,
4 our class teacher, a strict math teacher,
5 Chulsu's brother, a college student,
6 Kim youngtaek, a famous poet,
7 Seoul, the capital city of Korea,
8 Pororo, a cartoon character,
9 Jindo dog, Korean natural monument number 53,
10 Namdaemun, Korean national treasure number 1,
11 Mt. Baekdu, the highest mountain in Korea,
12 science, my favorite subject
13 Hangul, the Korean alphabet,
14 Gogh, one of the greatest artists,
15 our children, our future and hope,
16 my brother, the pride of my family,

P. 87

1 The world was buried in darkness, and only the snow falling outside the window seemed to comfort the poor boy.
2 I found the ants moving a sewookkang. I was sitting there watching that for a while.
3 After walking along the narrow unpaved road for about an hour, we could meet an old man sweeping the fallen leaves.
4 The blood circulating in our body takes CO2 and other wastes from cells and provides fresh O2 and other nutrients instead.
5 My mom's face smiling in the picture always makes my heart warm and peaceful whenever I feel/am sad.
6 The storyline of the movie is very simple. The robots working instead of humans raise a revolt and become our master.
7 I asked my father to stop the car so that I could take pictures of the wild ducks flying in V-shape

P. 88

8 "I heard the secret from the full moon floating on the calm water." the song begins like this.
9 He said "Follow the river flowing to the East Sea. Then you will be able to meet the dragon king who can remove the spell."
10 I took a video of the puppy trying to go up the stairs and posted it on the internet.
11 There were too many people waiting to ride the Viking, but my sister/brother insisted (that) she/he had to ride that.
12 The road was blocked because of the people crowding to see the sunrise, so we had to take a detour.
13 My father, watching me shaking my legs, said "Stop it. Your luck goes out."
14 I remember (that) there was a man sitting on the bench watching us playing soccer.

P. 89

15 "Non-possession" is one of the famous books written by Beopjeong. Ask your parents if/whether they have read it.

16 Is it true (that) people born in winter are more sensitive to heat than those born in summer?

17 Hanok, made of only soil and wood, must be one of the most eco-friendly house styles.

18 I liked lying on the pebbles heated by the sunlight after swimming in the cool sea water.

19 She seems not to know what the letters printed on the T-shirt mean. Should I tell her?

20 Although the drought continued, the vegetables grown in her vegetable garden looked very fresh and healthy.

21 The trees planted to defend the sea wind a long time ago are making wonderful scenery along the seashore now.

P. 90

22 The mission given to our team was to make a trap to catch stag beetles at night, and I knew how to make it.

23 I borrowed a book from the library, and there were a lot of photos of UFOs taken by accident in the book.

24 The man thrown to the starving tiger began/started to utter an incantation, then the tiger (that was) roaring at him became a meek cat.

25 This little fairy was born in a flower called chamkkot that bloomed last spring.

26 The kid asked to read the book hesitated for a moment, but read through the difficult English book slowly but clearly.

27 This forest experience camp was designed for the people tired of the busy city life.

28 You should know (that) the children taught not to talk back are likely to become/be more passive than other children.

P. 91

29 Scientists have been trying to find a planet that/which has a similar environment to the earth, our planet.

30 Sooni, one of my best friends, is a very good listener and always makes me feel comfortable.

31 I was very pleased to hear (that) Kim youngtaek, a famous poet, was going to visit our school during the festival.

32 Baekdusan, the highest mountain in Korea, is a dormant volcano. It means (that) it will erupt again in the future.

33 Do you know how many people are living in Seoul, the capital city of Korea?

34 People say (that) Hangul, the Korean alphabet, is easy to learn and use, but actually I don't know what it means.

35 It's really sad (that) our children, our future and hope, are forced only to study all day long. We have to teach them how to live in happiness and harmony with others. In order to do so...

P. 94

1 the crowd at the City Hall square
2 some young girls at the concert
3 the petty stationery store at the corner
4 your behavior at school
5 the palace of the Sea King in the deep blue sea
6 the hidden energy in your mind
7 seven years in Tibet
8 a father's role in bringing up children
9 people in love with arts
10 the cute girl in hanbok

11 the white butterfly on the yellow dandelion
12 the pimples on my face
13 a man in black jacket on a motorcycle
14 the face of the woman on the phone
15 the tall zelkova tree in front of the library
16 50 meters before the finishing line
17 three days before the exam
18 the vacant lot behind this building
19 the sadness behind her smile
20 world after death

P. 95

1 an old ginkgo tree beside the temple
2 the wood chair by the stove
3 the fruit store next to the bakery
4 islands near the equator
5 all the PC rooms around the school
6 the traditional cultures around us
7 the distance between you and me
8 the important differences between Korean and English
9 a long bridge across the river
10 the convenience store across the street

11 the picturesque view outside the window
12 the beautiful pine trees along the beach
13 the cycle path along the river
14 a path through the forest
15 education through play
16 the clouds over the mountain
17 people over 70 / the age of 70
18 somewhere over the rainbow
19 the monster under the bed
20 children under 10 / the age of 10

P. 96

1 light from the sun
2 the English teacher from Gyeongsangdo
3 trip to the past
4 the only way to the village on the mountain
5 the distance from my home to the school
6 a library for the children (who are) living there
7 consideration for others
8 a book about how our mind works
9 anger about what you hate
10 complaint about being treated like a kid

11 moment like this
12 something like that
13 animation like "A Hen into the Wild"
14 people with warm hearts
15 relationship with your friends
16 a dark room without a window
17 steamed bread without filling
18 an idol of so many people
19 the importance of protecting farming villages
 20 the secret of how to make this (kind of) taste

P. 97

1 When I was young, I would/used to stop by the petty stationery store at the corner to buy the cheap snacks.
2 If you feel ashamed of your behavior at school, why don't you try to change it?
3 One day, the prince living in the palace of the Sea King in the deep sea was curious about how the people on land were living.
4 It was a Saturday night. My mother was reading a book about a father's role in bringing up children, and my father was watching TV lying on the sofa.
5 Nayeon brought a framed picture and said "This cute girl in hanbok is my mother."
6 Not wanting to become a person who looked away a friend in trouble, I screwed up my courage and shouted at the guys (who were) surrounding Chulsu. "Stop it!"

P. 98

7 It is dangerous to squeeze or pop the pimples on your face because it may leave ugly scars.
8 The teacher began to draw a white butterfly on a yellow dandelion on the board with white and yellow chalks. And in a minute, a beautiful work was completed.
9 During the hot summer days, the tall zelkova trees in front of the library were making cool shade for the passers-by by blocking the blazing sun.
10 We were sure (that) he would win the race, but he fell down at about 50 meters before the finishing line.
11 While walking to the bus stop, I found Chulsu surrounded by some guys at the vacant lot behind the building.
12 I also know what you mean, but I thought (that) it was more important to solve the problem before us.

P. 99

13 It is good to read all the chapters of each subject with an easy mind for two or three days before the exam.
14 There are many people who believe in world after death. How about you?
15 When she came back after a while, she smiled to me, but I saw the sadness behind her smile.
16 According to a legend, the old ginkgo tree beside the temple sheds tears whenever bad things happen to the country.
17 The owner of the fruit store next to the bakery is always kind to the customers. His face always looks peaceful.
18 We had to go around for hours searching all the PC rooms around the school to find them.
19 She advises parents to try to close the distance between children and themselves before it's too late.

P. 100

20 Once you understand these important differences between English and Korean, you will be able to learn English much easier.
21 We were too tired, but the picturesque view outside the window was enough to make us feel happy.
22 Don't worry about me. I will be eating a cup ramen at the convenience store across the street, waiting for you while you meet him.
23 We can save a lot of time if we use the cycle path along the river. It will take less than 20 minutes.
24 I think it's almost impossible to practice the education through play in our school. Because...
25 A snail on the leaf whispered to the beetle "If I had wings like you, I would fly somewhere over the rainbow."
26 The monster under the bed sleeps during the day, and when the night comes, it creeps out to hunt kids like you.

P. 101

27 About 30 % of the light from the sun is reflected to the space, and the rest is absorbed by clouds, oceans and land.
28 They seemed to expect the rescue team to come before the only way to the village on the mountain was blocked by the heavy snow.

29 Chulsu left home at 7:30 and arrived at the school at 7:50. He walked at the speed of 2km/h. Calculate the distance from Chulsu's home to the school.

30 The writer planned to donate all of the prize money to build a library for the children (who were) living there.

31 In order to make this world more beautiful, consideration for others must be the most valuable virtue.

32 After reading a book about how mind works, I tried to observe the anger about what I hate rise/rising and disappear/disappearing.

P. 102

33 Sometimes my friend, Sooni, makes complaints about being treated like a kid at home. Actually, I envy her.

34 As you know, I have been waiting for a moment like this for a long time.

35 I can't believe that. They look/seem too young to do something like that.

36 You should be thankful (that) there are people with warm hearts around you.

37 I think (that) building good relationship with friends is much more important than improving grades.

38 Close your eyes and imagine (that) you are alone in a dark room without a window or door.

39 It may not be easy to live as an idol of so many people.

40 I want people to realize the importance of protecting farming villages.

41 Except for the old woman, no one knows the secret of how to make the taste.

P. 104

1 the people (who/whom) I love
2 the song (which/that) she is singing
3 the world (which/that) you know
4 the only teacher (who/whom) I hate
5 the question (which/that) I wanted to ask you
6 things (which/that) you are supposed to finish today
7 the eraser (which/that) Sumin gave me yesterday
8 everything (which/that) you can imagine
9 the dream (which/that) she had to give up
10 things (which/that) we must realize in our life

11 people (who/whom) I have believed
12 the books (which/that) I will read during the vacation
13 the time (which/that) I wasted because of you
14 the tiger (which/that) I drew when I was young
15 warm-up exercise (which/that) we do before swimming
16 the feelings (which/that) you got while reading the book
17 the diet pill (which/that) she took to lose weight
18 the money (which/that) I saved to buy that
19 calories (which/that) you can consume by walking
20 money (which/that) I spent without asking mom

P. 105

1 things (which/that) you can't learn at school
2 the person (who/whom) I respect the most
3 gimbap (which/that) we ate on the mountain
4 countries (which/that) I want to travel later
5 the friends (who/whom) I made during the summer camp
6 the book (which/that) I read to write a book report
7 the mountain (which/that) we are supposed to climb today
8 friends (who/whom) I have not met after graduation
9 acorns (which/that) squirrels buried under the ground
10 the killer (who/whom) she hired to kill you

11 memilmook, which goblins like,
12 the sound (which/that) the wind is making
13 the amount of water (which/that) you have to drink in a day
14 the faces in the picture (which/that) I took there
15 old stories (which/that) my grandmother told me
16 the letters (which/that) I wrote with my left hand
17 words (which/that) you spit out without thinking
18 the guy (who/whom) we thought (to be) stupid
19 the friends (who/whom) I expected to come to see me
20 the movie (which/that) you told me to see

P. 106

1 people (who/whom) I don't know well
2 new words (which/that) people are using these days
3 the clothes (which/that) you don't wear any more
4 the boy (who/whom) a taxi driver took to the hospital
5 things (which/that) you want to add to this list
6 the two guys (who/whom) I saw fight in the classroom
7 the letter (which/that) his father left on the table
8 the fresh lettuce (which/that) mom grew in the veranda
9 an important point (which/that) we are missing
10 things (which/that) we should not forget

11 the web (which/that) a spider is spinning at the window
12 the small stone (which/that) I threw into the water
13 the trash (which/that) people threw away
14 the jacket (which/that) I hung here to wear tomorrow
15 guys (who/whom) you have met before
16 the lives (which/that) I have killed until now
17 the people (who/whom) you can make happy with your smile
18 the grand scenery (which/that) the nature has made
19 Japanese warships (which/that) Yi Sun-shin defeated during the war
20 the future of Korea (which/that) we predict

P. 107

1 Of course, I don't want the people I love to become unhappy because of me.

2 How was the world you saw with your eyes? How were the people you met there?

3 I never imagined (at all) (that) the only teacher I hate in our school would be my class teacher.

4 Is there any question you want to ask me? If so, you don't need/have to hesitate.

5 In this world, everything you can dream is possible. Are you afraid of entering this surprising world?

6 This book encourages readers to stand up again and follow their dreams they had to give up.

7 Our teacher told us to make a list of books we are going to read during the vacation by next Monday.

P. 108

8 It is just like the warm-up exercise we do before swimming, but we'd better not skip this step.

9 After watching that, I decided to donate all the money I saved in the piggy bank to help them.

10 Playing in the nature teaches us many valuable things we can't learn at school.

11 I think (that) I can't forget the taste of the gimbap we ate on the mountain. It was really delicious.

12 I still keep in contact with some of the friends I made during the summer camp.

13 The book I read to write a book report was so good (that) I got interested in writing poem.

14 We are planning to camp beneath the mountain (that) we are supposed to climb tomorrow.

P. 109

15 Hong GilDong is the name of the killer she hired to kill you. Why don't you call and ask him not to kill you?

16 After watching goblins wrestling at the riverside at night, the old couple made memilmuk, which goblins like, and put it there.

17 In autumn, I like sitting on this bench listening to the sound the wind makes blowing through the trees.

18 The old stories my grandmother told me when I was young are still alive in my heart. I miss her today.

19 You never care about me. The words you spit out without thinking may hurt other's feelings.

20 I was sad and depressed all day long because the friend I had expected to come to see me didn't appear.

21 I bought the book our teacher had told us to read, but I didn't even touch it yet.

P. 110

22 We will be thankful if you send us the clothes or household items you don't wear or use any more/any longer.

23 The boy he took to the hospital seemed to remember nothing except for his name because of the impact of the accident.

24 Is there anything you want to add to this list? -- If I need something, I will call you later.

25 Wandeuk sighed deeply after reading the letter his father left on the table.

26 How about eating samgyupsal at home with the kimchi your grandmother gave and the fresh lettuce your mother grew instead of eating out?

27 I was sad to see the beautiful valley was turned into a huge dump by the trash people threw away.

28 Losing life is fearful and terrible to each living thing. Think about the lives you have killed until now.

P. 112

1 *a friend whose mother is a gayageum player*

2 animals whose habitat was destroyed

3 the house whose roof is orange

4 a boy whose face is covered with pimples

5 students whose parents are not rich

6 a girl whose dream is to be a painter

7 an object whose surface can reflect light

8 flowers whose scent makes us happy

9 people whose opinions are different from yours

10 evening sky whose color is changing

11 people whose blood type is O

12 bicycle whose frame is made of aluminum

13 *plants whose leaves we use as medicine*

14 one guy whose opinion I couldn't ignore

15 the married woman whose son I made cry

16 a writer whose book I'm reading these days

17 a movie whose background music I like

18 the friend whose cafe I joined yesterday

P. 113

1 I have a friend whose mother is a gayageum player. How about asking the friend's mother to play at the school festival?

2 Though this kind of development may be good for us, it must be a disaster to the animals whose habitat is destroyed.

3 At that time, the door opened and a boy whose face was covered with pimples came in. I recognized him at a glance. He was Chulsu, one of the guys who used to bully me in elementary school.

4 These kinds of school supplies must be burdensome to the students whose parents are not rich.

5 She looked into the photo for a while. There was a pretty girl whose dream was to be a painter.

6 It is a good hobby to plant and grow/raise flowers whose scent makes people happy.

7 You don't need to keep your distance from the people whose opinions are different from yours.

P. 114

8 For example, people say that a person whose blood type is O is active and talkative.

9 I hoped to buy the bicycle whose frame was made of aluminum, but that was too expensive.

10 Do you know that there are a lot of plants whose leaves or roots we can use as medicine?

11 Chulsu was one of the guys whose opinion I couldn't ignore at that time.

12 On my way to the Taekwondo studio, I met the woman whose son I made cry at the playground some days ago.

13 I found the guy whose foot I had stepped on by mistake waiting for me at the entrance.

14 I can see a movie whose background music I like over and over again.

15 Last evening I received a text message from the friend whose cafe I joined yesterday.

P. 118

1 the time (when) you will regret it

2 the time (when) we have to part

3 a time (when) I was so happy

4 the first time (when) we met

5 last time (when) I saw you

6 every time (when) you use the computer

7 each time (when) I face a problem

8 the day (when) we moved to this apartment

9 day (when) everyone in the world can live in happiness

10 the moment (when) I plugged in the hair dryer

11 the year (when) my brother was born

12 one night when a winter wind was blowing fiercely

13 Sunday morning when I don't need to wake up early

14 Monday morning when everyone is busy

15 afternoon when my mother is at home

16 1592, when Japan invaded Joseon

17 the age when you can decide everything for yourself

18 the date when we promised to meet again

19 spring when the whole world is full of new life

17 space where people are allowed to smoke

18 the library where I dropped in/stopped by to borrow a book

19 the hometown of our heart where we should return someday

P. 120

1 the reason (why/that) you are/were late for the school

2 the reason (why/that) you should not complain

3 the reason (why/that) my parents worry about me

4 the reason (why/that) I'm hesitating

5 the reason (why/that) quitting smoking is difficult

6 the reason (why/that) the sky looks blue during the day

7 the reason (why/that) we have to be judged by grades

8 the reason (why/that) she gave them money

9 the reason (why/that) you think (that) English is difficult

10 the reason (why/that) they push me to study

P. 119

1 the place (where) we went camping last year

2 the only place (where) I can relax

3 the place (where) we used to play after school

4 a place (where) strange things are happening

5 a place (where) a lot of people come to take pictures

6 the place (where) tall apartments are being built

7 the place (where) the UFO was found

8 somewhere no one knows me

9 anywhere I can use a printer

10 everywhere we go

11 the drawer where I put the money

12 the small town where I was born and grew up

13 a planet where only good people can live

14 a country where it is hard to raise children

15 the area where fishing is banned

16 the traditional market where mom would often take me

11 the way (that) they treat me

12 the way (that) parents love their children

13 the way (that) people live this world

14 way (that) I can calm myself down

15 the ways (that) it's described

16 the only way (that) you can overcome the problem

17 the ways (that) the media make you stupid

18 the way (that) a movie is made

19 the ways (that) plants communicate

20 the way (that) our brain works

ANSWER

1　In an angry voice, he told me (that) there must be a time (when) I would regret it and hung up
2　As the time (when) we had to part approached, I tried to smile brightly to hide my sorrow. But...
3　From the first time (when) they met, they could understand each other and fell in love.
4　Last time (when) I saw my grandmother, I thought (that) she looked a little worse than before.
5　Every time (when) you use the computer, such annoying programs are installed.
6　How can I forget the day (when) we moved to this apartment? We were really happy.
7　We don't speak out, but good people are still dreaming of the day (when) everyone in the world can live in love and happiness.

P. 122

8　At the moment (when) I plugged in the hair dryer, I got a shock and dropped it on the floor.
9　In the year (when) my brother was born, my father lost his job and my family moved to my father's home town in the countryside.
10　One night when a winter wind was blowing fiercely, the village people heard the old ginkgo tree behind the girl's grave cry out in an eerie voice.
11　I told the man to visit again in the afternoon when my mother is at home.
12　I think (that) you are at the age when you can decide everything for yourself. You are not a kid any more.
13　As soon as I hung up the phone, I circled (with a red pen) on the calendar the date when we promised to meet again.
14　Once the snow covering the mountains and fields began to melt away, the spring when the whole world is full of new life opened its eyes, stretching and yawning.

P. 123

15　Do you remember the valley where we went camping last time? The apple orchard of Chulsu's uncle is not far from there.
16　When I was young, my grandmother's home was the only place (where) I could relax without hearing my mother's nagging.
17　A huge shopping mall was being built at the place (where) we used to play after school.
18　The riverside became a popular place (where) people come to take pictures during the time (when) cosmos are in bloom.
19　People say (that) these days strange things are happening around the place where the UFO was found.
20　Sometimes I'd like to go somewhere (where) no one knows me. There, I could start my life anew.
21　Everywhere you go, the eternal light from your deep nature is always with you to protect you from evil.

P. 124

22　Until I got ready to go out, I couldn't find the drawer where I put the money open.
23　The small town where I was born and grew up was like a planet where only people with warm hearts could live.
24　How has Korea become a country where it's really hard to raise children?
25　In my memory, the small market where mom would often bring/take me was a place (that was) filled with funny and interesting things.
26　The place (where) people are allowed to smoke is called smoking area.
27　This mysterious and strange story I experienced myself happened in the library where I dropped in to borrow books last summer.
28　The place in our deep heart where pure love is breathing is the hometown of our heart where we must return someday.

P. 125

29　I don't even want to know the reason (why) you were late. Do you remember how many times you have promised not to be late?
30　He tried to make me understand the reason (why) I should not complain about those things.
31　Of course, I knew (that) they wanted to know the reason (why) I was hesitating, but I kept silent to the end.
32　Is there anyone who can explain the reason (why) the sky looks blue during the day?
33　No one tells us the reason (why) we should be judged by our grades.
34　I don't know the reason (why) she gave me the money.
35　This is the reason (why) you think English is difficult.
36　The reason (why) they push me to study is because they are afraid of the world where they are living.

P. 126

37　I am sick/tired of the way (that) my teachers and parents treat me.
38　All parents in the world love their own children without exception, but the ways (that) they love their children are different.
39　There are many different ways (that) people live this world and ways (that) people see this world.
40　Reciting this phrase in your mind when angry or sad may be a good way (that) you can calm yourself down.
41　Why do you think this is the only way (that) you can overcome the problem?

42 That is one of the ways (that) the media make you stupid.

43 In this class, we are going to learn about the way (that) a movie is made and make a short movie.

44 The ways (that) plants communicate are much more diverse and delicate than we think.

P. 128

1   *a box a sheep is* **in**
    a box **in which** *a sheep is*

2   the planet we are standing on
    the planet on which we are standing

3   the point the valley divides at
    the point at which the valley divides

4   means you achieve your goals by
    means by which you achieve your goals

5   things we are competing for
    things for which we are competing

6   a hole mice can go in and out through
    a hole through which mice can go in and out

7   period children's imagination grows during
    period during which children's imagination grows

8   news we were waiting for
    news for which we were waiting

9   justice people have been fighting for
    justice for which people have been fighting

10 the chair I put the phone on
    the chair on which I put the phone

P. 129

11 something we don't have to worry about
    something about which we don't have to worry

12 source you can get the information from
    source from which you can get the information

13 the stick he hit the dog with
    the stick with which he hit the dog

14 water no one can live without
    water without which no one can live

15 the frog the boy threw a stone to
    the frog to which the boy threw a stone

16 the water the frog jumped into
    the water into which the frog jumped

17 the house tall trees are planted around
    the house around which tall trees are planted

18 the date the project should be completed by
    the date by which the project should be completed

19 the accident everything changed after
    the accident after which everything changed

20 the street cars are parked along
    the street along which cars are parked

P. 130

1   people you can share your idea with

2   people with whom you can share your idea

3   someone we can't make it without

4   someone without whom we can't make it

5   friends I will do anything for

6   friends for whom I will do anything

7   people you talked the story to

8   people to whom you talked the story

9   the man she was talking about

10 the man about whom she was talking

11 the woman he fell in love with

12 the woman with whom he fell in love

13 the girl people gathered around

14 the girl around whom people gathered

15 the teacher I learned how to write poems from

16 the teacher from whom I learned how to write poems

17 people this food may be dangerous for

18 people for whom this food may be dangerous

19 the only person I was interested in

20 the only person in whom I was interested

P. 131

1   The little prince didn't like the sheep I drew. So I drew a box (a sheep was in / in which a sheep was) and gave it to him.

2   If walking down for about an hour, you will reach the point (this river divides at / the point at which this river divides). There...

3   Suddenly most things (we are competing for / for which we are competing) looked worthless to me.

4   Although the snow on the mountain began to melt away, the news (we were waiting for / for which we were waiting) didn't arrive.

5   What is the justice (people have been fighting for / for which people have been fighting)?

6   The farmer found a hole (the mice could go in and out through / through which the mice can go in and out) at a corner of the room, and set a trap in front of it / the hole.

7   When I got into the backyard in order to find the ball, the man was standing there holding the stick (he hit the dog with / the stick with which he hit the dog). I couldn't even breathe.

P. 132

8   The frog (the boy threw a stone to / to which the boy threw a stone) received it with its mouth, and jumped into the water.

9   Come along the street and turn left at the church. Then you will see a house (pine trees are planted around / around which pine trees are planted). My house is behind it.

10 There was a terrible accident (everything changed after / after which everything changed).

11 Sitting in the shade, we watched a rain of flowers falling down on the street (cars were parked along / along which cars were parked).

12 So, do you mean (that) this is something (we don't have to worry about / about which we don't have to worry)?

13 If you don't have any people (you can share your idea with / with whom you can share your idea), you will feel sad.

14 Although I really hated to work with that guy, he was someone (we couldn't make it without / without whom we couldn't make it).

P. 133

15 I have thought (that) they are my friends (I will do anything for / for whom I will do anything).

16 I couldn't even imagine (that) the man (she was talking about / about whom she was talking) was you.

17 The goddess told the prince to give the feather to the man (she falls in love with / with whom she falls in love).

18 The prince wondered who was the girl (people gathered around / around whom people gathered).

19 First, I'd like to thank the teacher (I learned how to write poems from / from whom I learned how to write poems).

20 Remember (that) there are people (this food may be dangerous for / for whom this food may be dangerous).

21 There were a lot of people around me while I stayed there, but the boy who was always silent was the only person (I was interested in / in whom I was interested).

P. 135

1 someone to take the role instead of you

2 people to believe this story

3 anyone to solve this math problem

4 something to liven up the mood

5 someone to love

6 something to eat

7 people to meet today

8 many things to learn

9 work to do right now

10 friends to invite to my birthday party

11 money to lend you

12 nothing to say to you

13 warm clothes to wear on the mountain

14 money to spend on the trip

15 words to memorize by next Monday

16 songs to sing on the stage

17 the river to cross to go there

18 one thing to remember whenever you are angry

19 things to see before we leave

P. 136

1 wish to become a Kingka

2 a wish to be alone

3 the desire to have more and more

4 a desire to be happy

5 desire to take power

6 dream to travel in space freely

7 my family's dream to have our own house

8 the decision to move to the country

9 the decision to quit all the institutes

10 the promise to pay back the money soon

11 his promise not to drink any more

12 the promise to buy me a puppy

13 plan to leave before they wake up

14 the plan to create an ecology park there

15 attempt to understand my situation and help me

16 the attempt to make her change her mind

17 effort to interact with students

18 effort to make our society fairer

19 need to get close with good books

20 need to show off your strength

P. 137

1 chance to show what you can do

2 a good chance to become friends with them

3 the right to dream and imagine

4 the right to be respected as a human

5 duty to protect and care for the weak

6 duty to tell the police

7 ability to predict future events

8 ability to adapt to sudden changes

9 supernatural power to heal all wounds

10 special power to make people happy

11 time to go to sleep

12 time to play like this

13 place to spend the rest of his life

14 place to park

15 reason to follow what he said

16 reason to be disappointed

17 reason to try to see your nature

18 way to solve the problem

19 ways to relieve the stress from studying

20 the best way to be happy

P. 138

1 If you find someone to take the role instead of you by tomorrow, I will allow you to go there.
2 It doesn't matter to me (that) there is no one to believe this story.
3 Is there anyone to solve this math problem?   We have learned how to set up equations last time.
4 We felt people getting bored, so we needed something to liven up the mood.
5 When you grow up and meet someone to love, everything surrounding you will look much more beautiful.
6 After my mom went out to work, I got up and went through the refrigerator and kitchen, but there was nothing to eat.
7 Stop thinking about those useless things and just focus on the work to do right now.

P. 139

8 I understand your situation, but I don't have money to lend you. Why don't you ask Chulsu?
9 When the man held her hand, shaking off the hand, she said icily "I have nothing to say to you any more,"
10 Don't forget to prepare warm clothes to wear on the mountain. It will be much colder than you think.
11 You'd better leave some money to spend on the trip. If you spend all the money now, you will have to suck your finger there.
12 It took some hours just to choose the songs to sing on the stage. Each of us seemed to have too strong personality.
13 One thing to remember when anger arises is (that) you are the owner of your mind. Don't let it be your owner.
14 Hurry up! There are so many things to see before we leave. Such a good chance never comes again.

P. 140

15 My wish to be/become a Kingka was broken into pieces.
16 I had no wish to cause a problem. I just came to ask if I can attend this meeting.
17 When I saw him first, he was a young man (who was) burning with the desire to learn.
18 It's natural (that) people have desire to be happy and try to make it. You shouldn't laugh at it.
19 Do you believe (that) the dream to travel into space freely will come true in the near future?
20 Of course, it was not easy to make the decision to quit all institutes. It looked like a risky adventure to me.
21 None of my family expected my father to keep the promise not to drink again.
22 What was the promise to buy me smartphone on my birthday? I raised my voice to my mother.

P. 141

23 We were supposed to get together at Chulsu's house to make a plan to surprise our teacher on his birthday.
24 At least, if he's a teacher, he should have made an attempt to consider the student's situation and help her.
25 It's very important (that) teachers make efforts to approach students and interact with them.
26 In order to do so, it's essential (that) we never give up making efforts to make our society fair and clean.
27 We also share the need to get close with good books. But as you know, we are too busy.
28 There is no need to show off your strength to your friends. That/It just makes them think you a bully.
29 She thought to herself "I'm really happy to have a chance to help the suffering people."

P. 142

30 I didn't want to miss the chance to become friends with them.
31 Nobody in this world can take the right to dream and imagine from you.
32 Like you, I also believe (that) everyone has the right to be respected as a human.
33 We need to think about whether we are not neglecting the duty to protect and care for the weak?
34 Are we encouraging our children to develop the ability to consider others and live together?
35 Fortunately most living things are born with the ability to adapt to sudden changes.
36 Do you believe (that) there are people with supernatural power to heal all wounds in this world?
37 She seems to have a special power to make people happy. I am always happy with her.

P. 143

38 When I was young, I felt happy when I heard mom say "It's time to sleep"
39 Enjoy now as much as you want. After you enter high school, there will be no time to play like this.
40 My parents have already chosen a small country village as the place to spend the rest of their life.
41 A festival was being held around the park, so it was not easy to find a place to park.
42 Is there any reason to follow what he said? I think it's first to think up a way to solve the problem.
43 What is your way to relieve the stress from studying? If you have one, tell us.

44 You are a human being with the mind that embraces the whole universe and that is the reason to try to see your nature.

P. 145

1 I got three free tickets for the concert from my uncle, but it was not easy to choose friends to go there with.

2 They had nothing to worry about except for their last son. He was known as a terrible troublemaker in the town.

3 Reporters are always looking for something to write about. They will go anywhere if there is a tempting story.

4 When there was no paper to draw on, Lee JungSeop drew even on the silver paper that wrapped cigarette.

5 Take your children out to the nature. They are excellent at finding something to play with.

6 It pained the poor mother's heart (that) she did not have money to buy his son that with.

7 For an ordinary company man, it takes at least 30 years to buy an apartment to live in with his family in Seoul.

P. 146

8 At that time, I did not think (that) our teacher was an appropriate person to talk this problem to. Because...

9 Swallows looked busy making a nest to lay eggs in under the eaves of the house. It was amazing and pleasant to watch them make the nest with mud and dry grass.

10 Everything is ready. Now we need a stage to sing on. We will be a great group sound that matches the Beatles.

11 When/If all of us get together, there will be nothing to be afraid of in this world.

12 There was a sign saying, "Don't be afraid of failure. The only thing to be afraid of is the fear of failure."

13 My father always said "You cannot achieve anything to be proud of without sweat and effort."

14 Not getting good grades at school is not something to be ashamed of. You are not such a being who/that can be judged by your grades.

P. 148

1 *It is we that can save this world.*

2 It was you that told me not to come.

3 It was not Chulsu that started to bully/bullying me.

4 It is not me but you that they are chasing.

5 It was the rose that the little prince loved.

6 It was not my name that he wrote on the board.

7 It is not money that makes your life meaningful.

8 It was a MP3 file that she sent me.

9 It was always greed that caused wars.

10 It is now that we have to help them.

11 It was not on Monday that she came to see me.

12 It was in winter that they moved here.

13 It was just for about 10 seconds that he appeared on TV.

14 It was after the accident that she began to avoid/avoiding me.

15 It was an hour later that she called me again.

16 It was in the USB that I saved the files.

17 It was near his house that the bear was found.

18 It is about school grades that I feel stressed.

19 It was only because of his daughter that he stopped smoking.

20 It was by his efforts that he could make it.

21 It is through the internet that I study English.

22 It was for this reason that they had to die.

P. 149

1 It is you that make me irritated. You keep bothering me. As you see, I am busy dealing with these things now.

2 It was the cup (that) my mom cherished the most that I broke while opening the door.

3 She interrupted me and said to me "Don't blame me. It was not I but you that spoiled everything."

4 It was the illustrations in the book that attracted my attention. They made me decide to be an illustrator.

5 Don't you know (that) it is the words of comfort that she really wants to hear from you?

6 The law has its limits. I think (that) it is our conscience and good nature that enable us to live together.

7 It was just in front of the door that I found the car key (that) my father was looking for.

P. 150

8 This book is saying again and again "It is here and now that the happiness (that) we are seeking is."

9 It is from our mind that all the feelings like happiness, anger, and fear arise.

10 It is for your irresponsible attitude that you have to apologize. If you behave like this, someone must suffer because of you.

11 It is by loving others as much as yourself that you can be/become a holy person.

12 She used to be a very cheerful girl. It was only after the incident that she became such a timid and introverted girl.

13 It was at that moment that I realized (that) I was deceived by his honeyed words. However, it was too late to do something.

14 My parents always say (that) it is not for themselves but for me that they push me to study hard.

영어작문

누구나 배울 수 있는

프로젝트